【四川大学博物馆藏品集萃】

铜镜 卷

TONGJING JUAN

冷文娜　编著

霍大清　摄影

四川大学出版社

SICHUAN UNIVERSITY PRESS

图书在版编目（CIP）数据

四川大学博物馆藏品集萃．铜镜卷 / 冷文娜编著；
霍大清摄影．— 成都：四川大学出版社，2023.6
ISBN 978-7-5690-5934-2

Ⅰ．①四… Ⅱ．①冷… ②霍… Ⅲ．①四川大学－博
物馆－历史文物－图录②古镜－铜器（考古）－中国－图录
Ⅳ．① K870.2 ② K875.22

中国国家版本馆 CIP 数据核字（2023）第 016455 号

书　　名：四川大学博物馆藏品集萃·铜镜卷
　　　　　Sichuan Daxue Bowuguan Cangpin Jicui·Tongjingjuan
编　　著：冷文娜
摄　　影：霍大清

出 版 人：侯宏虹
总 策 划：张宏辉
选题策划：何　静
责任编辑：何　静
责任校对：周　颖
装帧设计：墨创文化
责任印制：王　炜

出版发行：四川大学出版社有限责任公司
　　　　　地址：成都市一环路南一段 24 号（610065）
　　　　　电话：（028）85408311（发行部）、85400276（总编室）
　　　　　电子邮箱：scupress@vip.163.com
　　　　　网址：https://press.scu.edu.cn
印前制作：成都墨之创文化传播有限公司
印刷装订：四川盛图彩色印刷有限公司

成品尺寸：210mm×260mm
印　　张：12.25
字　　数：380 千字

版　　次：2023 年 10 月 第 1 版
印　　次：2023 年 10 月 第 1 次印刷
定　　价：198.00 元

本社图书如有印装质量问题，请联系发行部调换

扫码获取数字资源

四川大学出版社
微信公众号

丛书总序

霍 巍　四川大学博物馆馆长

　　四川大学博物馆的前身为建立于1914年的华西协合大学古物博物馆，是博物馆从西方传入中国之后，中国早期建立的博物馆之一，也是中国高校中第一座博物馆，拥有悠久的历史和丰富的馆藏文物，在中国博物馆事业发展史上具有重要的历史地位。

　　四川大学博物馆现收藏文物5万余套、8万多件，门类包括书画、陶瓷、钱币、刺绣、民族民俗文物等，不仅是教学、科研的重要实物资料，也是学校建设和社会服务的重要文化资源。在四川大学博物馆建馆一百周年和四川大学建校一百二十周年之际，我们组织馆内专业人员编写了这套"四川大学博物馆藏品集萃"丛书，旨在通过系统的分类介绍与研究，深入浅出，用生动通俗的文字配以精美的文物图片，向广大读者展示馆藏文物精品的历史价值、艺术价值和科学研究价值。

　　入选本套丛书的馆藏文物，许多都是国家一二级文物，甚至有数件国宝级文物。它们凝聚着不同历史时代丰富的信息，从不同的侧面映射出中华传统文化的神韵，也反映出中国西南地区独特的地域文化。特别值得指出的是，华西协合大学古物博物馆的创办者和管理者大多是训练有素、视野开阔的专家学者，他们往往在征集、收藏这些文物的同时，在当地也开展了相关的科学调查与研究工作，对其文化历史背景有着深刻的认识和理解。例如，本馆所藏20世纪30年代四川广汉三星堆遗址的玉石器，就是经过科学的考古发掘出土的，不仅有完整的田野考古发掘记录，而且还经过葛维汉（D.C.Graham）（时任华西协合大学古物博物馆馆长）、郑德坤等海内外著名学者的初步研究，为20世纪80年代三星堆考古的重大发现提供了宝贵的线索。三星堆的早期考古工作，被郭沫若先生誉为"华西考古的先锋"。又如，本馆所藏成都皮影精品，来自清末民初一个名叫"春乐图"的皮影戏班。独具眼光的前辈们不仅收藏了这个戏班珍贵的皮影，同时还将制作皮影的全套工具、数百份皮影戏唱本悉数加以征集，形成可供后世进行系统科学研究的成都皮影藏品系列，其价值自然远在单件皮影之上。类似这样的例子还有很多。正是基于这样深厚的学术背景，本馆的各类文物的收藏就某种意义而言见证了我国西南地区历史学、考古学、民族学、民俗学、艺术史等多个学科早期发展的历程，也见证了四川大学这所百年名校对于构建中国现代学术体系所做出的卓越贡献。

本套丛书的撰著者均为四川大学培养的考古学、文物学、博物馆学和艺术史等学科的中青年学者，他们对母校和博物馆怀有深厚的感情，接受过良好的专业训练，术业各有专攻。这套丛书的编写，既是他们献给百年馆庆最好的一份礼物，也是博物馆为四川大学一百二十周年校庆献上的一份厚礼。我深信，通过这套丛书，读者不仅可以"透物见人"，回顾四川大学博物馆这座百年名馆的光辉历史，而且可以在我们的导引下步入这座号称"古来华西第一馆"的庄严殿堂，感知其深厚的文化积淀和灿烂的时代风采，感受一个充满前贤智慧结晶的奇妙世界，体验一次令您终生难忘的博物馆之旅。

是为序。

目录

目录

四川大学博物馆藏品集萃

铜镜卷

四川大学博物馆藏品集萃

铜镜卷

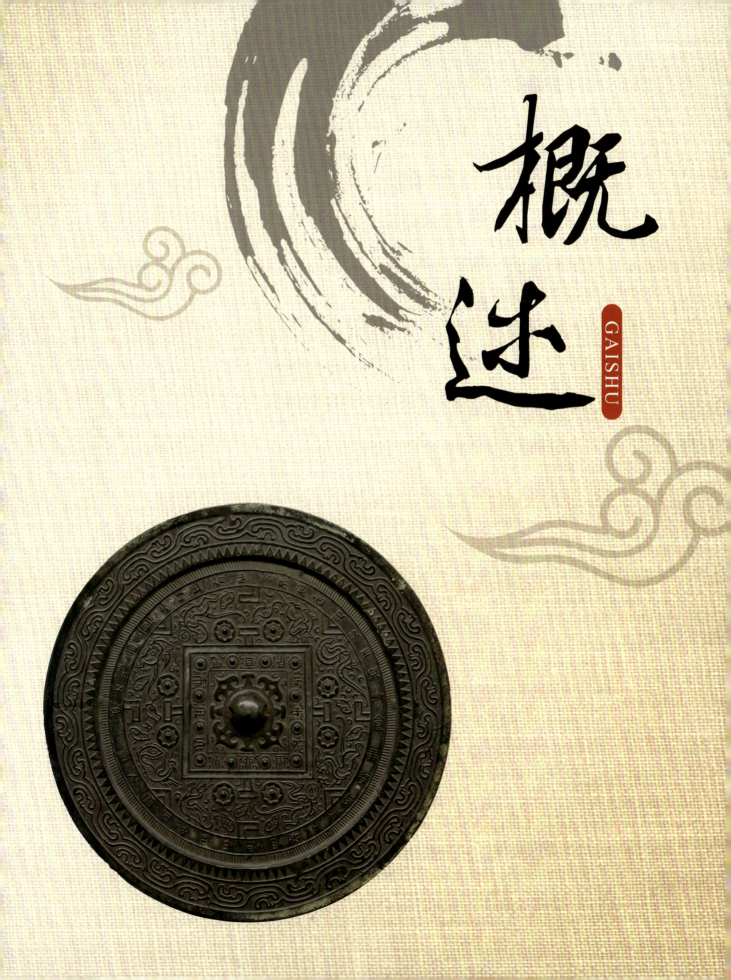

概述

GAISHU

一、铜镜概说

镜子是人们不可或缺的生活用品。今天，我们使用的镜子一般都是玻璃制造的，而玻璃镜是从西方传过来的，清末民初才大量使用。在玻璃镜出现之前，人们用来照容饰面的工具各种各样，有平静的水面，光滑的石片、陶片、瓦片、铜镜、铁镜等。现在能见到的最早的镜子是石材制作的。大约8000年前，土耳其安纳托利亚人用磨光的黑曜石制造出了世界上最早的镜子。中美洲和南美洲的人也用抛光的石材制造镜子。公元前3000年的美索不达米亚和埃及，人们开始用磨光的铜片作镜，随后印度和中国也出现了青铜镜。在各种材料的镜子中，使用最广泛的当属铜镜，或者说是青铜镜。所谓铜镜，就是用铜锡铅锌等合金材料铸造的表面光亮，用于照容的器物。

世界范围内的铜镜有两大体系：以西亚、埃及、罗马为代表的圆板具柄镜和以中国为代表的圆板具钮镜。中国的铜镜源远流长，在古代各种金属器物中，有着独立的发展过程和体系，沿用时间长，使用范围广，涉及人数众。它既是人们生活中的日用品，又是工艺精湛的艺术品。铜镜的发展，几乎贯穿了整个中华文明的发展史。铜镜的形制、纹饰、工艺、功用等具有鲜明的时代特征，充分体现了当时社会的经济、政治、文化、贸易、科学技术、审美情趣、社会风貌等，具有极高的历史、艺术、科学价值。

关于中国铜镜的起源和发展，在民间传说中，黄帝的妃子嫫母用磨光的石片制作了镜子，于是有黄帝铸镜的传说。明代罗颀的《物原》说："轩辕作镜"。清代陈元龙的《格致镜原》卷五六引《稗史类编》称："《内传》曰：'（帝）继与西王母会于王屋，乃铸大镜十二面，随月用之。'则镜盖肇于轩辕也。"《述异记》卷上曰："饶州俗传轩辕氏铸镜于湖边，今有轩辕磨镜石，石上常洁，不生蔓草。"比黄帝稍晚的尧舜时代，还有尧的臣子尹寿作镜的传说。学术界早期有以梁上椿、郭沫若为代表的铜盆扁平化说，以岳慎礼为代表的阳燧说，以何堂坤为代表的映照说，近年有刘学堂先生的起源于西域说，宋新潮先生的起源于中国西北说，等等，不一而足，尚无定论。现有考古材料表明，我国早在新石器时代已经出现铜镜。1934年，河南安阳殷墟侯家庄第1005号商代墓中出土了一面圆形镜，是考古发现最早的战国以前的铜镜。由于是孤例，当时的发掘者将其定名为"圆板具钮器"，并没有使用"铜镜"这一称谓。直到1975年甘肃广河齐家文化的墓葬中出土了一面素面镜，1976年青海贵南县尕马台的齐家文化墓葬中出土了一面七角星纹铜镜，同年河南安阳殷墟5号墓中出土了四面铜镜——两面为叶脉纹，两面为弦纹辐射纹。从齐家文化开始，历经夏商周漫长的时期，考古发现的铜镜不仅数量少，而且制作粗糙，与同时期其他青铜制品的极大丰富形成了鲜明的对比，说明当时铜镜还没有作为生活用品得到普遍使用。直到战国时期，商周以来占主导地位的、具有等级象征意义的青铜礼器逐渐衰落，而铜镜等日常生活用器却得到极大发展，不仅数量激增，而且工艺日趋精美，在人们的生活中广为流行。

中国古代的铜镜，又称"鉴""监子""照子"等。最开始，古人以水为镜，此时镜称为鉴。在古代典籍中，镜与鉴常常混为一谈，如《广雅》："鉴谓之镜。"《庄子·天道》："圣人之心，静乎天地之鉴也，万物之镜也。"《庄子·德充符》："仲尼曰：人莫鉴于流水，而鉴于止水。"到了宋代，铜镜又开始称作"照子"，皆因宋人避讳甚严，赵匡胤之祖名"敬"，故将铜镜改称为"监子"或"照子"。

铜镜的形制。中国古代青铜镜一般为圆板具钮镜，北宋以后，出现了具柄铜镜。铜镜的镜形多样，有圆形、方形、八角形、菱花形、葵花形、钟形、鼎形等。铜镜的各个部位都有比较固定的称呼，分为镜面、镜背、镜钮、钮座、内（主）外区、镜缘等。镜面指镜的正面，平坦或微凸，表面光洁明亮，用以照容饰面。镜背指镜的背面，分为有纹饰和无纹饰两种。镜钮指位于镜背，凸出的有孔可穿系的部件，常见的有圆形、弓形、桥形、兽形等。镜钮一般位于镜背中央，少数位于镜背其他部位；大部分为单钮，也有双钮、三钮等。钮座指紧接镜背的装饰区域，有圆钮座、方钮座、花瓣形钮座等。纹饰的各个部分可以分为不同的区，靠近钮的为内区或主区，靠近镜缘的为外区；也有的镜背纹饰不分区域。镜缘指镜的边缘部分，有一定的形状和纹饰，如素卷缘、三角锯齿纹缘等。除了常见的单面镜外，还有双面镜。这种铜镜正面为平面，背面为凹面，又称"阳燧"，可以作引火之物。另有特种工艺镜如螺钿镜、金银平脱镜、鎏金镜等。铜镜一般会根据镜背的纹饰命名，如山字纹镜、蟠螭纹镜等；也有根据铭文命名的，如日光镜、昭明镜等；还有以地名命名的，如湖州镜、成都镜等。

铜镜的使用与存放。唐代以前，人们用镜多为手持，平时置于镜盒或镜奁中，或安放在形似烛台的镜台上。宋代以后，镜子则固定悬挂在高镜台上，镜台式样已接近现代的妆台。也有随身携带的，这种镜一般镜体小巧，边缘有小孔用于系带，置于随身佩戴的镜袋中或悬于带钩上，便于随时照面。

铜镜是由铜锡铅锌等金属铸造的青铜器。早期的铜镜含铜量极高，占合金的九成以上。这时的铜镜一般质软、泛红，照容效果不佳。战国以后，铜的含量开始下降，锡的含量逐渐上升。《考工记》规定的铜镜合金比例："金锡半谓之鉴燧之齐"。按《考工记·六齐》郑玄注："鉴亦镜也，凡金多锡则刃白且明。"铜加锡之后，一则增大了合金的硬度，便于研磨；一则增大了铜镜的亮度，便于映容。高锡铜镜能磨出光亮的表面和银白色泽，还有极佳的性能，能铸造出细巧精致的花纹；其缺点在于质地脆而易摔破，所以屡见破镜的传说。宋代以后，铜镜的合金成分又发生了较大的变化，含锡量减少，含铅量增加。明代以后，合金中锌的含量增加，且出现了黄铜。高铅和黄铜的加入，优点是克服了铜镜的质地脆而易摔碎的问题，缺点是色泽不够白亮，并且不易铸造出精致纹饰，使得铜镜趋向实用而艺术性下降。

从战国到汉唐，我国青铜镜铸造工艺一般分为三步：铸造、热处理、表面机械加工。首先采用范铸技术浇铸铜镜。先用木或陶雕出"镜模"；然后用黏土和细砂包裹，分别制出镜面和镜背的"镜范"；将镜面和镜背合范修整之后，浇铸铜液，待铜液冷却后，就可以破范取出铜镜。再经过淬火冷却等热处理，然后经过刮削、研磨以及镀锡、抛光等一系列的表面机械加工，就成为光可照人的铜镜了。宋代以后，铸镜工艺发生了极大变化，不再需要热处理，同时采用了砂型铸造技术。砂型铸造相比陶范铸造，制范简单、成本低、效率高、周期短，使得铜镜铸造更加经济，铜镜进一步趋向实用。

除了材料和制作工艺，古人生活方式的变化，也对铜镜形制、纹饰有较大影响。唐以前，人们席地而坐，镜台比较低矮，镜背完全裸露，繁复的纹饰可以为铜镜增色不少，因此纹饰极其讲究。宋代以后，人们的坐具增高，镜台式样已接近现代的妆台，镜子固定悬挂在高镜台上，背面基本看不到。所以，宋代以后的铜镜虽然形制多样，但纹饰整体上却越来越简单，甚至只记制作地点和作坊的名字。总之，随着时代的发展，铜镜变得更加经济实用，艺术价值则逐步丧失。

铜镜在中国的使用历史接近四千年。铜镜的使用者，不分身份、地位、民族、宗教，上自帝王将相、达官贵人，下至贩夫走卒、僧尼百姓。铜镜从诞生之日起，就远不止日常生活中的照容饰面，它植根于中华文化，已深深地融入了人们的社会生活和文化意识中，有着多种功用和丰富的文化内涵。

1. 以铜为鉴——照容饰面的日用品

《韩非子·观行》："古之人，目短于自见，故以镜观面。"铜镜最基本的功能就是"观面"，照镜可以正衣冠，整仪容。古人对仪容要求甚高，所谓"官看巾帽整，妾映点妆成"。作为常见的日用品，铜镜既可映照闺阁佳人的绮丽与温柔、欢乐与忧愁，譬如花木兰恢复女装后最先做的就是"当窗理云鬓，对镜贴花黄"；亦可承载丈夫豪杰的家国天下，譬如邹忌借镜讽喻齐威王的纳谏故事和唐太宗"以人为鉴"的千古名言。铜镜映照着美人红妆、高堂白发，方寸之间，能容纳世间万象。

2. 破镜重圆——爱情和婚姻的信物

从古至今，铜镜都被作为重要的爱情信物，广泛使用。最脍炙人口的莫如"破镜重圆"的故事。唐孟棨《本事诗·情感》记载：南朝陈太子舍人徐德言与妻乐昌公主恐国破后不能相保，乃破一镜，各执其半，约于他年正月望日卖于都市，冀得相见。后陈亡，乐昌公主没入越国公杨素家。德言依期至京，见有苍头卖半镜，出半镜以合之，并题诗云："镜与人俱去，镜归人不归。无复嫦娥影，空留明月辉。"公主得诗，悲泣不食。素知之，怆然改容，即召德言，还其妻，得偕归江南终老。后因以"破镜重圆"喻夫妻离散或决裂后重又团聚或和好。铜镜多数为圆形，意谓圆满、团圆，象征着爱

情和婚姻的美满，因此铜镜成为爱情和婚姻的信物。相爱的男女生前相互赠送铜镜，死后随葬。此用镜习俗对铜镜的纹饰和铭文都有着重大影响，催生了诸多与婚恋内容相关的装饰题材，如汉代铭文镜中常见的相思镜，唐宋时期的对鸟双鸾衔绶纹镜，明清时期的鸾凤和鸣镜、双喜镜等。

3. "贻我青铜镜"——相互馈赠的礼品

铜镜作为兼具实用性和艺术性的日常用品，自然成为人与人，甚至国与国之间相互赠送的礼品。早在春秋时期，铜镜就作为珍贵的器物，作赏赐之用。《左传·庄公二十一年》："郑伯之享王也，王以后之鞶鉴予之。"《三国志·魏书·倭人传》记载：景初二年六月，魏明帝封斜马国女王卑弥呼为"亲魏倭王"，并颁布诏书，予以封赏，"……以示汝国中人，使知国家哀汝，故郑重赐汝好物也"。这些"好物"，便包括"铜镜百枚"。到了唐代，唐玄宗将自己的生日定为"千秋节"。每年的"千秋节"，唐玄宗都会赐四品以上大臣以铜镜，以示圣恩；群臣也会献上美酒和铜镜祝寿，或作为互赠的礼物。民间纷纷仿效，一时形成了每逢佳节便以铜镜作为馈赠礼物的社会风尚。

4. 明日月，通鬼神——驱邪治病的法器

铜镜具有反光性，能够原原本本地照现世间万物的形貌，这在科学技术尚不发达的古代，对光学知识不了解的古人来说，是不可思议的，只能归诸神力。古人将这种神力的来源，附会于黄帝，认为铜镜是黄帝所铸，是万物之精，具有沟通鬼神、驱除邪魅的功能。《宣和博古图》："昔黄帝氏液金以作神物，于是为鉴，凡十有五，采阴阳之精，以取乾坤五五之数，故能与日月合其明，与鬼神通其意，以防魑魅，以整疾苦。"关于铜镜的驱邪治病功能，古代有各种记载和传说，甚至医学名著《本草纲目》中也记载："古镜如古剑，若有神明，故

能辟邪魅忤恶。凡人家宜悬大镜，可辟邪魅。"

5. 澈照幽冥——视死如生的随葬品

从早期铜镜的出土情况来看，基本见于墓葬，说明铜镜从诞生之初，随葬就是其一项重要的功能。东生《古镜漫谈》："镜鉴传世，出诸土冢。古人殉葬，必以镜入棺椁者，意谓明镜晶莹，可澈照幽冥。汉代以来之古墓，几无墓蔑有。"铜镜在墓葬中，通常是用布帛包裹后放置。有的放入圆形或方形的容器中，有的放入囊中，大型的则置于镜台上或镜屏中。从随葬方式来看，铜镜或悬挂于墓室中棺椁的上方、四周，或悬于墓顶正中央，或置于前后室暗窗及龛中，或摆放于死者胸前、头边、腰侧，或覆于面部，或握于手中。从墓葬中发现的铜镜表面附着物及随葬方式的多种多样，说明铜镜作为随葬品，在墓葬中所起的作用是综合性的。以镜陪葬，是祈愿该镜除了作为死者在阴间使用的日用品外，还能为死者祛除黑暗，护佑死者不受妖邪侵扰。

罗振玉《古镜图录》："刻画之精巧，文字之瑰奇，辞旨之温雅，一器而三善备焉者，莫镜若也。"铜镜除了在人们的日常生活中不可或缺，还频频出现在古代的诗歌、绘画、民间传说、历史故事、志怪小说中。铜镜文化是中国文化的重要组成部分。

二、四川大学博物馆馆藏铜镜综述

四川大学博物馆共收藏历代铜镜350面。这些铜镜上自先秦，下至晚清，各时代均有所见。其中，战国时期铜镜14面，秦汉魏晋时期98面，隋唐五代时期56面，宋元时期52面，明清时期130面。通过对这批铜镜的整理和研究，可以一窥铜镜发展历史、变化规律等。下面试就四川大学博物馆所藏历代铜镜，从历史背景、类别、年代、形制、钮式、纹饰、铭文诸方面做综合介绍。

1. 如月之恒，如日之升——战国时期

战国时期，礼崩乐坏，奴隶制日益瓦解，封建制强势崛起，审美艺术日益从巫术与宗教的笼罩下解放出来，朝着理性的、生活化的、人间的意兴趣味发展。表现在青铜器上，商周时期占主导地位的青铜礼器迅速衰落，而铜镜等日常生活用具得到极大发展。铜镜的制作工艺发展，形制和纹饰不再像商周时期青铜礼器那样原始的，充满神秘与威严的宗教色彩，而开始向实用性发展，变得接近生活，自由奔放，不受拘束。在这样的历史背景下，铜镜铸造业有了飞速发展，迎来了铜镜发展史上的第一个高峰。

与商周时期铜镜数量少、工艺粗糙不同，战国时期铜镜数量多，铸造精美，纹饰繁复。战国时期铜镜以圆形为主，镜体纤薄，镜钮常见三弦钮，钮座多为圆钮座或方钮座，外围凹面带方框或圈带。纹饰繁复，分区和布局井然有序，有主纹和地纹之分。常见的主纹有花叶纹、山字纹、蟠螭纹等，地纹有羽状纹、云雷纹等。

四川大学博物馆馆藏铜镜，年代最早的为战国时期。这批铜镜的由来，从当时馆内的相关记载来

看，多为出土物，出土地为长沙。铜镜在镜形上皆为圆形，镜体较纤薄，直径11-16厘米，厚0.2-0.4厘米。镜钮一般为三弦钮，钮座为圆钮座或方钮座。纹饰主要有山字纹、花叶纹、蟠螭纹、菱花纹等。镜缘多为素平缘或卷缘。

山字纹镜： 山字纹镜流行于战国时期。今天能见到的山字纹镜多为湖南长沙地区出土。因其主体纹饰形似"山"字而得名，有三山、四山、五山、六山等变化。以四山镜最为常见。本馆所藏皆为四山镜。其图案布局，皆为"山"字的底边与方形钮座的四边平行排列，均为羽状地纹。关于山字纹的意义，可能代表山字，也有可能是一种几何图形，至今未有定论。

花叶纹镜： 花叶纹镜一般以羽状纹为地，从钮座处生出花叶，向四方呈放射状伸展。

蟠螭纹镜： 蟠螭纹是一种变形的龙纹，盘曲纠结，穿插缠绕。图形为浅浮雕，环带式排列于镜背。

菱花镜： 主纹饰为菱形方格，羽状地纹，主纹和地纹均作四方连续式。

2. 见日之光，天下大明——秦汉魏晋时期

秦汉以后，中国进入封建社会的上升时期，社会经济、文化、政治都得到了极大的发展。经济上，经过汉初的"文景之治"，社会经济繁荣，手工业获得极大发展。政治上，自秦朝建立大一统的封建王朝之后，中央集权制度得到强化。文化上，从汉初崇尚"清静无为"的黄老思想到汉武帝"罢黜百家、独尊儒术"，再到阴阳五行、谶纬等学说，各种思想观念激烈碰撞。此时的铜镜成为汉代艺术品的代表之一，在造型、纹饰、工艺上，都极其精巧，体现出这个时代的精神。铜镜在汉代迎来其发展史上的又一个高峰期。

汉初铜镜一方面继承了战国铜镜的特点，另一方面又有所创新。这一时期流行的铜镜主要有蟠螭纹镜、草叶纹镜、博局镜等。镜形仍以圆形为主，

镜体依旧纤薄。镜钮除三弦纹钮外，还出现了伏兽钮。纹饰繁复，主纹与地纹紧密结合，传统的蟠螭纹由单线勾勒变为双线或三线勾勒，新出现的纹饰有草叶纹、博局纹等。在纹饰布局上，出现了以乳钉将镜背分为数区，主体纹饰环绕镜钮分区布局的新形式。随着时代推移，地纹逐渐变得粗疏，或完全无地纹。内区开始出现由三字、四字或五字句组成的铭文，这些铭文均环绕镜钮布局，是主体纹饰的一部分。铭文字体流行篆书，铭文内容主要反映了当时人们的相思之情，以及祈求富贵长生等愿望。

随着西汉中期儒术的独尊，到东汉时期阴阳五行、谶纬等学说的兴起，汉初清新自然的艺术风格逐渐消失。从汉武帝时期开始到东汉时期，铜镜的镜体变厚，镜形仍以圆形为主，有的镜面微鼓。镜钮除弦纹钮外，还有半圆钮、圆钮、伏兽钮等；钮座有圆钮座、方钮座、四叶纹钮座、联珠纹钮座等。纹饰上，多为仙人、四灵、十二生肖、神兽；构图方式上，以镜钮为中心，以乳钉为间隔，纹饰呈同心圆式层层布局。铭文在镜背纹饰中占据了极为重要的位置，铭文内容多为祈求富贵长生和多子多福等。这一时期的代表性铜镜有昭明镜、星云纹镜、四乳禽兽镜、博局镜、龙虎纹镜等。

东汉末到魏晋南北朝时期，由于战争频繁，经济遭到了极大的破坏，铜镜的发展陷于低潮。流行的铜镜种类有博局镜、连弧纹镜、铭文镜、神兽镜等。铸造风格多仿照前朝，花纹、线条粗糙模糊，质量下降。纹饰以神仙、禽兽为主，内容多反映神话传说、历史故事等。铭文常见"位至三公""君宜官位"等祈求富贵的语句。由于北方战乱，南方相对稳定，铜镜的发展开始分为南北两个系统。南方系统的铜镜主要以高浮雕神兽镜为主，数量较多。北方系统的铜镜造型基本延续西汉中期以后的造型，纹饰主要为变形四叶纹、凤纹等。

四川大学博物馆馆藏的两汉魏晋时期铜镜，主

要有草叶纹镜、星云纹镜、铭文镜、多乳禽兽纹镜、博局纹镜、云雷纹镜、高浮雕镜、方枚神兽镜、变形四叶纹镜等。

草叶纹镜：武帝时期常见铜镜。镜形皆为圆形。一般为半圆形钮，外围凹面带方框，有的方框内饰有铭文。常见的铭文有"常（长）乐未央""长勿相忘"等。主纹为单层或多层的草叶，以四乳分区。连弧纹缘。

星云纹镜：武帝时期常见铜镜。镜形皆为圆形。常见连峰式钮。主纹为星云纹（又称百乳纹，形状像天上星云，故名），一般以四乳分区。多见连弧纹缘。

铭文镜：流行于西汉中期和新莽时期。以铭文为主要装饰。常见的铭文镜有"日光"镜、"昭明"镜、"铜华"镜等。镜钮一般为圆形或半圆形。钮座有圆钮座、四叶纹钮座等。镜缘多为素缘。"日光"镜的常见铭文为"见日之光，天下大明"。"昭明"镜的完整铭文为"内清质以昭明，光辉象乎日月。心忽穆而愿忠，然壅塞而不泄"。铭文之间，时代稍早的多以"e"或"田"字形等符号为间隔，时代较晚的多以"而"字形符号为间隔。"铜华"镜的铭文内容有"涷（炼）治（冶）铜华清而明，以之为镜宜文章。延年益寿辟不羊（祥），与天毋亟如日光。千秋万岁，长乐未央"等。各种铭文镜普遍存在省字、省句、错字的现象。

禽兽纹镜：流行于西汉中晚期和新莽时期。镜形皆为圆形。镜钮多为圆形、半圆形。常见以数个乳钉作为间隔（常见四乳，也有五乳、七乳等）。乳钉间分饰鸟纹、兽纹等，纹饰多采用单线勾勒的手法。镜缘多为素缘。

博局纹镜：新莽时期到东汉最为繁盛。镜体一般较大，多以博局纹与神兽纹相配合，纹饰繁复，极为精美。镜形多为圆形。镜钮多为圆形、半圆形和四叶形。钮座外多有方框，方框内外有乳钉。主纹为T、L或V形图案组成的博局纹，其间饰以几

何纹、四神纹、鸟兽纹或十二地支。主纹饰区外有铭文带，铭文内容有"尚方作镜真大巧，上有仙人不知老。渴饮玉泉饥食枣，寿如金石国之保"，或"尚方作镜真大好，上有仙人不知老。渴饮玉泉饥食枣，浮游天下遨四海。徘徊名山采芝草，寿如金石天子保"等。镜缘纹饰复杂，常见三圈三角锯齿纹或宽云纹带。

云雷纹镜：流行于东汉早中期。镜形为圆形。一般为四叶纹钮座，钮座间常见"长宜子孙""位至三公"等铭文。钮座外饰一圈凸弦纹和一圈内向连弧纹，其间饰以漩涡纹、圆圈纹、竖线纹及短弧线纹等。镜缘多为素缘。

高浮雕镜：流行于东汉和魏晋时期。镜形为圆形。镜钮多为圆形、半圆形。主体纹饰以浮雕手法表现人物、羽人、龙虎、瑞兽、禽鸟等题材。外为铭文带，铭文常见"尚方作镜""青羊作镜""青盖作镜"等，如"青羊作竟（镜）大毋伤，巧工刻之成文章。左龙右虎辟不羊（祥），长保二亲乐富昌"，或"青盖作镜四夷服，多贺国家人民息。胡虏殄灭天下复，风雨时节五谷熟"等。铭文内容多祈祷富贵长生，字体逐渐向隶书转化。镜缘多饰有锯齿纹和双线波折纹。

方枚神兽镜：流行于东汉晚期和魏晋时期。镜形为圆形。镜钮常见圆形。纹饰以浮雕式神人或神兽纹为主，周围饰以一圈方形或半圆形凸枚，内有铭文，常见的如"日月天王"等。

变形四叶八凤纹镜：流行于魏晋时期。镜形为圆形。镜钮常见圆形。主要纹饰为自钮座向外伸展出的变形四叶纹，四叶内饰以佛像或兽纹，四叶间饰以八凤。镜缘处多半圆形凸圈，圈内饰各种兽纹。一般为素缘。

3.炼形神冶，莹质良工——隋唐五代时期

唐代是中国封建社会的繁荣时期，政治、经济、文化都高度发展，宗教、哲学、文学、艺术

的各个派别百花齐放、百家争鸣，民族融合，国家统一，中西文化交流频繁。铜镜工艺水平也达到巅峰，铸造工艺和装饰艺术均取得了前所未有的成就。这个时期的铜镜，形制多样，纹饰丰富，从各个方面显示了唐人的自信和开放，以及享受生活，追求现世幸福的生活态度，反映了唐代社会的繁荣昌盛。

隋代到唐朝初年是承上启下的时期，这一时期的铜镜延续了汉魏时期铜镜的特点，常见铜镜有四神十二生肖镜、瑞兽镜等。镜形仍以圆形为主，镜体逐渐加厚。镜钮多为圆形、半圆形。纹饰主要有四神、瑞兽、十二生肖等。铭文上，摆脱了之前圈带铭文的限制，内容也不像汉代铜镜那样多祈求长生不老、高官厚禄，而以称颂镜子功能、梳妆美丽为主。

盛唐时期，铜镜进入了最绚烂的时代。镜体有大有小，大的端庄厚重，小的秀美玲珑。镜形上，突破了铜镜以圆形和方形为主的传统，新出现了葵花形、菱花形、弧边形、"亚"字形等。镜钮上，除汉代以来的圆钮外，还流行伏兽钮、龟钮等。纹饰上，突破了内外分区的限制和以镜钮为中心层层分布的构图方式，出现了对称式、环绕式、散点式、满花式和放射式等新的构图方式；题材多种多样，有花鸟虫鱼、珍禽异兽、历史故事、神话传说等。铸造工艺上，镜面光亮，净白如银，图纹清晰；新出现了金银平脱镜、螺钿镜等特种工艺镜。这一时期，最流行的铜镜当属瑞兽葡萄镜，此外还有雀踏花枝镜、盘龙镜、月宫镜、对鸟镜、人物故事镜、飞仙镜等。这些铜镜一直流行到中唐时期，并得以继续发展。

晚唐五代时期，经历了安史之乱，藩镇割据，社会动荡，经济衰退，铜镜铸造业也随之衰落。人们将自己的信仰寄托在佛教、道教等宗教上。这一时期，铜镜铸造工艺粗糙，造型单一，布局单调，主体纹饰以简单粗放的纹样为主，出现了有宗教寓意的八卦镜、"卍"字镜等。

四川大学博物馆藏有隋唐五代时期铜镜56面，主要有四神十二生肖镜、瑞兽铭文镜、瑞兽葡萄镜、花鸟镜、神仙人物镜、八卦镜等，基本上反映了唐代铜镜的风格特征。

四神十二生肖镜：隋代和唐初常见镜形。以圆形为主。半圆形钮。一般分内区、中区和外区，分置四神、八卦、铭文和十二生肖，常以双竖线分隔。

瑞兽铭文镜：隋代和唐初常见镜形。一般为圆形。圆形钮或半圆形钮。主体纹饰为环绕镜钮排列的瑞兽，其外有铭文一圈，内容多为四言宫体诗或五言律诗，常见的如："玉匣聊开镜，轻灰暂拭尘。光如一片水，影照两边人。" "赏得秦王镜，判不惜千金。非关欲照胆，特是自明心。" "花发无冬夏，临台晓夜明。偏识秦楼意，能照玉妆成。" "炼形神冶，莹质良工。如珠出匣，似月停空。当眉写翠，对脸傅红。绮窗绣幌，俱含影中。"

瑞兽葡萄镜：又称海兽葡萄镜、狻猊葡萄镜、天马葡萄镜、海马葡萄镜等，唐代铜镜的代表之一，流行于盛唐时期。镜形一般为圆形或方形，镜体厚重。镜钮多为兽钮。主体纹饰一般是在枝蔓缠绕的葡萄之间高浮雕四个或六个瑞兽，其间饰以雀鸟、蜂蝶和花草。瑞兽多在内区，呈绕钮奔跑状。瑞兽的原型，有的说是狮子，有的说是天马，代表祥瑞；葡萄则象征多子多福。瑞兽葡萄镜构图繁复，工艺精湛，最能体现富丽堂皇的盛唐气象。

花鸟镜：唐代铜镜的主要镜形之一，流行于盛唐、中唐时期。种类较多，有对鸟镜、雀踏花枝镜、双鸾衔绶镜等。镜形有圆形、葵花形、菱花形等。禽鸟种类有鸳鸯、喜鹊、大雁、孔雀等。构图上，多在镜钮的左右置数只禽鸟或团花图案，禽鸟有的口衔绶带，有的口衔花枝，其间配以花枝、蜂蝶等，有的边缘还配有铭文。花鸟镜寓意吉祥幸福、夫妻恩爱，所以花鸟镜常常作为爱情或婚姻的信物出现。

神仙人物镜：包括飞仙镜、"荣启奇问曰答孔夫子"镜等。这类铜镜，一般以神话传说、历史故事为装饰题材。

八卦镜：晚唐五代代表性铜镜。这一时期，铜镜质地粗糙，造型及纹饰简单。八卦镜是一种带有宗教色彩的铜镜。镜形有圆形、方形、"亚"字形等。主要纹饰为八卦、十二生肖和铭文，常见铭文如"水银是阴精，百炼得此镜。八卦气象备，卫神永保命"等。

4.匪鉴斯镜，以妆尔容——宋元时期

宋元时期，铜镜的铸造工艺发生了较大的变化，其原因是多方面的：一方面，随着社会生产力的发展，铜镜铸造工艺进步；另一方面，战争频繁，社会动荡，政府铜禁极严，使得铜镜的铸造工艺发生变化。与汉唐时期的高锡铜镜不同，这一时期的铜镜，铜、锡的含量开始减少，铅、锌的含量增加。工艺改变的结果是，铜镜的耐用性增强，但是铸造不出精美的纹饰。整体上，对于铜镜，人们更追求其经济性、耐用性和制作上的简便，铜镜的艺术性则逐渐丧失。

宋元时期的铜镜，因为注重实用性，镜体渐趋轻薄，纹饰较为简单。在镜形上，继承了唐代并进一步创新，出现了带柄镜及心形镜、长方形镜、钟形镜、鼎形镜、盾形镜等。镜钮较小，有的没有镜钮。纹饰线条纤细、秀丽，生活中寻常可见的动物、植物等景象逐渐增多，有灵性的花鸟虫鱼，趣味盎然的自然景致，反映了丰富多彩的社会生活。铭文简单，盛行带有广告性质的商标、字号类铭文。

四川大学博物馆馆藏宋元时期铜镜，在镜形上，有菱花形、葵花形、带柄圆形、长方形、方形、钟形等。主要类型有花草镜、花鸟镜、铭文镜、人物故事镜、八卦镜等。

花草镜：主要流行于北宋时期。镜形多为圆形、葵花形、菱花形等。主体纹饰为缠绕的花枝，有芙蓉花、牡丹花等。

花鸟镜：镜形有圆形、葵花形、带柄形等。镜背采用浅浮雕的技法装饰鸟纹、花枝纹等。这类铜镜常装饰连理枝、并蒂纹等，象征夫妻恩爱、幸福美好。

铭文镜：宋代以来铭文镜最大的特色是在镜背标记官私铸镜作坊的字号。这类铜镜一般有圆形、方形、葵花形、菱花形、盾形等。大多为素面，也有装饰花草等纹饰的。一般在钮的左右置一长方形框，框内铸竖排铭文。作坊字号为长方形印章式，以湖州石家最为常见，又称"湖州镜"。

人物故事镜：宋代的人物故事镜相比唐代，镜形更加多样，题材更加广泛。装饰纹样有神仙、人物、龙凤等，故事题材有"吴牛喘月""许由洗耳""仙人乘凤"等。

八卦镜：宋代的八卦镜纹饰较为简单，或仅有八卦纹；或内饰八卦纹，外饰铭文带；或内饰神兽，外饰八卦纹。

5.正其衣冠，尊其瞻视——明清时期

明朝建立后，随着经济的发展，铜器铸造业也获得了很大的发展，铜镜在质量和数量上都远远超越宋元时期。虽然如此，铜镜铸造还是逐渐步入了铜镜发展的末期。到了清代，由于玻璃镜的传入，铜镜衰落，最终被玻璃镜完全取代，退出了历史舞台。

明清铜镜多规整厚重，镜形以圆形为主。镜钮形式多样，除圆形钮、桥形钮外，还有平顶圆柱形钮、银锭形钮、方形钮、云头形钮、花瓣形钮等。纹饰上，整体较为简单，更贴近人们的日常生活，常见纹饰有洪武云龙纹、人物多宝纹、山水楼台纹等。铭文方面，明清铜镜多在钮侧铸长条形印章式铭文，标明铸造时间。常见的纪年铭文有洪武、嘉靖等。带有商标性质的工匠名和作坊名也大量出现在铜镜上。除湖州外，其他见于铭文的铸镜地还

有绍兴、南京、苏州等。铸镜工匠以湖州薛氏最有名，其铭文常铸在平顶圆柱形钮的顶部。明代铜镜铭文最具特色的是吉祥语。此外，明清时期，大量出现仿古镜，以仿汉镜最多，其次是仿唐镜。在东南沿海地区还流传日式镜和仿日式镜。

四川大学博物馆馆藏明清时期铜镜130面，种类有龙纹镜、双鱼镜、多宝镜、吉语镜、铭文镜、仿古镜、日式镜和仿日式镜等。

洪武龙纹镜：龙纹是铜镜上的传统题材，唐、宋以来十分流行。明初流行的洪武龙纹纪年镜，一般为圆形，小鼻钮，主体纹饰为龙纹。龙纹相比宋、元时期，刻画得更加形象，卷曲缠绕，间隙饰云纹或水纹。镜钮一侧有长条形铭文框，上书小篆："洪武二十二年正月日造"。

双鱼镜：双鱼镜多为圆形，桥形钮，主体纹饰为浅浮雕双鱼，纹饰简单，构图简洁。

多宝镜：多宝镜在元代已经出现，流行于明代。题材主要有多宝、送子图等寓意吉祥的图案。其中以多宝图案最为常见，它通常由双角、方胜、宝珠、银锭、书卷、宝钱等宝物组成，同时配以仙鹤、人物、聚宝盆、亭台楼阁和吉祥文字等，以镜钮为中心，分层布置。

吉语镜：吉语镜是明清时期最具特色的铜镜。四川大学博物馆所藏吉语镜一般镜体较大，直径在20厘米以上，大的可至40厘米以上。吉语镜的文字按上下左右的次序环绕镜钮分布，或者分布在镜钮两侧。字体通常大而规整，以楷书和篆书为主。内容常见科举类和福寿类，如"五子登科""状元及第""长命富贵"等。

仿古镜：明代大量出现仿古镜。仿古的手法，有的以古镜为模直接翻铸，有的按照原镜的形制、尺寸和花纹等制模铸造，还有的是在仿古的基础上创造的。从所仿时代看，有汉、六朝、唐，以仿汉镜数量最多。多在纹饰间铸有年款或工匠名。

日式镜和仿日式镜：中国铜镜自汉代起传入日本，对日本制镜业产生了深远影响。日本从仿制中国铜镜开始，逐渐形成有独特风格的"和镜"。其纹饰清晰，构图精美，在吸收中国传统风格的同时又有着浓郁的本土风情。日式镜在桃山、江户时代销往中国，引得中国制镜作坊纷纷仿制。常见题材有松竹亭阁、梅菊龟鹤、花草蜂蝶等。常见铭文有"藤原××"或"天下一××"——"藤原"为日本著名铸镜家族；"天下一"意为天下第一的铸镜师。

此次精选四川大学博物馆馆藏铜镜172面，附精美照片和文字介绍，成此一书，以满足铜镜收藏者和考古文物等研究者的需要。受笔者学识所限，在铜镜的选择标准、行文描述和图像处理等各方面难免谬误，敬请方家不吝批评指正。

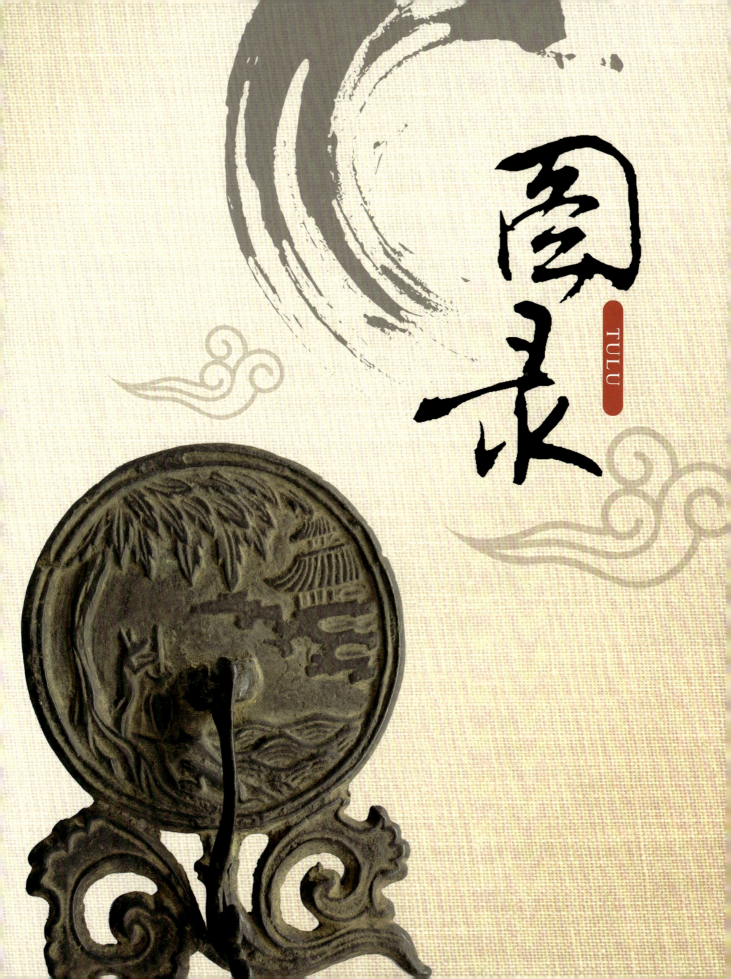

图录

TULU

第一部分

战国铜镜

【图1】

山字纹铜镜

年代： 战国

质地： 铜

尺寸： 直径 16.5 厘米，缘厚 0.3 厘米

重量： 340 克

　　圆形。三弦钮，方钮座。羽状地纹；钮座外饰凹面方框，凹面方框四边分饰四个山字纹；山字纹方格一边依次向左倾斜，底边与方形钮座的四边平行，"山"字中间的竖画与镜缘相接；凹面方框四角、"山"字的竖画旁和"山"字之间各饰一花瓣，镜缘四周有四个竹叶形长片。素卷缘。

山字纹铜镜

年代：战国
质地：铜
尺寸：直径 13.7 厘米，缘厚 0.3 厘米
重量：126 克

　　圆形。三弦钮，方钮座。羽状地纹；钮座外饰凹面方框，凹面方框四边分饰四个山字纹；山字纹方格一边依次向左倾斜，底边与方形钮座的四边平行，"山"字中间的竖画与镜缘相接；凹面方框四角、"山"字的竖画旁各饰一花瓣，"山"字之间各有一圆心四叶花蕊。素卷缘。

【图 2】

菱形纹铜镜

年代： 战国
质地： 铜
尺寸： 直径 11.6 厘米，缘厚 0.4 厘米
重量： 115 克

【图 3】

　　圆形。三弦钮，圆钮座。羽状地纹；钮座向外伸出四个花瓣，呈十字形，凹面宽带组成折叠式对称菱形纹，将镜面分成九个菱形区，与中心区相邻的四个菱形区内各有一圆心四叶花蕊，与中心菱形四角相对的四个三角形区内各有一由边缘向内伸出的花叶。素卷缘。

花叶纹铜镜

年代： 战国
质地： 铜
尺寸： 直径 13.8 厘米，缘厚 0.2 厘米
重量： 105 克

圆形。弦钮，圆钮座。羽状地纹；钮座外有一凹面圆框，圆框外分饰四个卷曲的花叶纹。素卷缘。

【图4】

花叶纹铜镜

年代：战国
质地：铜
尺寸：直径 13.3 厘米，缘厚 0.3 厘米
重量：120 克

　　圆形。三弦钮，方钮座。羽状地纹；钮座四角伸出四个花叶，钮座外为一栉齿纹方框，方框外饰八个花叶，镜缘四周有四个竹叶形叶片。素卷缘。

【图 5】

【图6】

蟠螭纹铜镜

年代：战国
质地：铜
尺寸：直径 11.7 厘米，缘厚 0.3 厘米
重量：105 克

　　圆形。三弦钮，圆钮座。钮座外三圈弦纹之间饰栉齿纹；内两圈弦纹与外圈弦
纹之间，以云雷纹为地纹，主体纹饰为蟠螭纹。宽素卷缘。

蟠螭纹铜镜

年代：战国

质地：铜

尺寸：直径 11.8 厘米，缘厚 0.3 厘米

重量：110 克

【图 7】

　　圆形。三弦钮，圆钮座。钮座外三周弦纹之间饰栉齿纹；内两圈弦纹与外圈弦
纹之间，以云雷纹为地纹，主体纹饰为蟠螭纹。宽素卷缘。

凤鸟纹铜镜

年代：战国
质地：铜
尺寸：直径 11.1 厘米，缘厚 0.3 厘米
重量：103 克

圆形。鼻钮，圆钮座。钮座外有一方框，方框内饰细线；方框四角饰两两对称、姿态相同的四只凤鸟，凤身弯卷，圆眼勾喙，回首展翅；以云雷纹为地纹。素平缘。

【图 8】

第二部分

两汉魏晋铜镜

【图 9】

"常乐未央"铭文铜镜

年代：西汉

质地：铜

尺寸：直径 8.7 厘米，缘厚 0.3 厘米

重量：55 克

　　圆形。三弦钮，方钮座。钮座外有三线方框，方框外有双线圆框，方框与圆框之间饰四乳钉和铭文"常乐未央长勿相忘"。宽素卷缘。

博局蟠螭纹铜镜

年代：西汉
质地：铜
尺寸：直径 10.9 厘米，缘厚 0.5 厘米
重量：110 克

　　圆形。三弦钮，方钮座。钮座外有双线方框，方框内饰铭文"大乐富贵千秋万岁宜酒食鱼"；方框四边分别自中点向外伸出一双线 T 形符号，其对向各有一双线 L 形符号，方框四角对向为双线 V 形符号，由此构成博局纹四方八极的经典图式，其间配以蟠螭纹。素卷缘。

【图 10】

四乳"家常贵富"铭文铜镜

年代： 西汉
质地： 铜
尺寸： 直径 10.0 厘米，缘厚 0.5 厘米
重量： 178 克

【图 11】

圆形。圆钮，圆钮座。钮座外为八组斜线纹和凸圈宽带；外围两周栉齿纹之间饰四乳和八禽鸟，禽鸟两两相对，与乳钉间隔排列，其间为铭文"家常贵富"。宽平素缘。

日光草叶纹铜镜

年代： 西汉
质地： 铜
尺寸： 直径 10.1 厘米，缘厚 0.3 厘米
重量： 95 克

圆形。圆钮，四叶纹钮座。钮座外有细线小方框，再外有宽带凹面大方框，两方框之间为铭文"见日之光天下大明"；大方框四角内各饰一桃形叶纹，四角外各伸出一双瓣花叶；方框四面外正中各饰一乳钉纹，乳钉上方饰桃形叶纹，乳钉两侧各饰一对称单层草叶纹。内向十六连弧纹缘。

【图 12】

【图 13】

日光草叶纹铜镜

年代： 西汉
质地： 铜
尺寸： 直径 13.7 厘米，缘厚 0.4 厘米
重量： 225 克

圆形。圆钮，四叶纹钮座。钮座外有一凸面方框，方框外为铭文"见日之光天下大明"；铭文外有一凸线方框，方框四角有四乳钉，乳钉上各伸出一叶，乳钉之间各有一对称连叠草叶纹。内向十六连弧纹缘。

日光铭文铜镜

年代: 西汉
质地: 铜
尺寸: 直径 8.2 厘米,缘厚 0.4 厘米
重量: 116 克

　　圆形。圆钮,圆钮座。钮座外伸出八条短弧线,连接八内向连弧纹;再向外两周栉齿纹之间为铭文"见日之光天下大明",铭文间以漩涡纹、田字纹隔开。宽平素缘。

【图 14】

日光铭文铜镜

年代：西汉
质地：铜
尺寸：直径 8.3 厘米，缘厚 0.4 厘米
重量：92 克

　　圆形。圆钮，圆钮座。钮座外伸出四条短弧线和四组三竖线纹，连接八内向连弧纹；再向外两周栉齿纹之间为铭文"见日之光天下大明"，铭文间饰以漩涡纹和菱格纹。宽平素缘。

【图 15】

日光铭文铜镜

年代：西汉
质地：铜
尺寸：直径 5.8 厘米，缘厚 0.2 厘米
重量：28 克

圆形。圆钮，圆钮座。钮座外伸出四组双弧线，外接一周凸弦纹，再向外一周栉齿纹，其间为铭文"见日之光天下大明"，铭文间饰以漩涡纹和田字纹。宽平素缘。

【图 16】

昭明铭文铜镜

年代： 西汉
质地： 铜
尺寸： 直径 10.0 厘米，缘厚 0.6 厘米
重量： 272 克

圆形。圆钮，圆钮座。钮座外为内向十二连弧纹，其间饰短弧线和三竖线纹；其外两周栉齿纹之间为铭文"内清以昭明光象夫日月心忽不，其间以"而"形纹隔开"。宽平素缘。

【图 17】

昭明铭文铜镜

年代：西汉
质地：铜
尺寸：直径 12.3 厘米，缘厚 0.4 厘米
重量：265 克

圆形。圆钮，十二联珠纹钮座。钮座外为凸面宽带，内向八连弧纹，连弧纹间饰短弧线；其外两周栉齿纹之间为铭文"内清以昭明光象夫日出月心忽穆忠不泄"，其间以"而"形纹隔开"。宽平素缘。

【图 18】

昭明铭文铜镜

年代： 西汉
质地： 铜
尺寸： 直径 9.6 厘米，缘厚 0.6 厘米
重量： 240 克

圆形。圆钮，圆钮座。钮座外为两个交叉的方框和内向八连弧纹；再向外两周栉齿纹之间为铭文"内清以昭明象乎月日"，其间以"而"形纹隔开。宽平素缘。

【图 19】

昭明铭文铜镜

年代：西汉
质地：铜
尺寸：直径 12.7 厘米，缘厚 0.5 厘米
重量：340 克

　　圆形。圆钮，十二联珠纹钮座。钮座外两周凸弦纹之间有铭文"见日之光长乐未央"，其间以漩涡纹隔开；再向外两周栉齿纹之间有铭文"内清质以昭明光辉象乎日月心忽而愿忠然不泄"。宽平素缘。

【图 20】

【图 21】

昭明铭文铜镜

年代：西汉
质地：铜
尺寸：直径 10.2 厘米，缘厚 0.5 厘米
重量：165 克

　　圆形。圆钮，圆钮座。钮座外有一周凸弦纹，以单线和短弧纹相连；其外为内向八连弧纹，连弧纹相接处饰以"人"字纹和漩涡纹；再向外两周栉齿纹之间为铭文"内清之以昭明光而象而夫日月心忽穆而不泄"。素平缘。

铜华铭文铜镜

年代： 西汉
质地： 铜
尺寸： 直径 19.0 厘米，缘厚 0.8 厘米
重量： 1045 克

　　圆形。圆钮，十二联珠纹钮座。钮座外有一周栉齿纹和凸面宽带，其外为内向八连弧纹，连弧纹与凸面宽带之间饰以漩涡纹、短弧纹及三竖线纹；连弧纹外两周栉齿纹之间为铭文"涑（炼）治（冶）铜清而明以之为镜宜文章延年益寿去不羊（祥）与天毋亟如日光千秋万岁长乐未央可"。宽平素缘。

【图 22】

铜华铭文铜镜

年代：西汉
质地：铜
尺寸：直径15.8厘米，缘厚0.6厘米
重量：740克

　　圆形。圆钮，圆钮座。钮座外为一周凸面宽带，其外为内向八连弧纹，连弧纹与凸面宽带之间饰以漩涡纹、短弧纹及三竖线纹；连弧纹外两圈栉齿纹之间为铭文"湅（炼）治（冶）同（铜）华清而明以之为竟（镜）宜文章延年益寿去不羊（祥）与天无亟"。宽缘，饰锯齿纹和云气纹。

【图23】

【图 24】

四龙连弧纹铜镜

年代： 西汉

质地： 铜

尺寸： 直径 15.6 厘米，缘厚 0.5 厘米

重量： 352 克

圆形。连峰钮，花瓣钮座。钮座外为内向十六连弧纹，其外为一周栉齿纹，再外为四朵八瓣团花，团花间饰四龙。内向十六连弧纹缘。

【图 25】

星云纹铜镜

年代： 西汉
质地： 铜
尺寸： 直径 9.9 厘米，缘厚 0.4 厘米
重量： 145 克

　　圆形。连峰钮，圆钮座。钮座外为一周内向十六连弧纹，其外两周栉齿纹之间饰四乳钉和星云纹。内向十六连弧纹缘。

四乳四螭纹铜镜

年代： 西汉

质地： 铜

尺寸： 直径 17.8 厘米，缘厚 0.6 厘米

重量： 810 克

圆形。圆钮，四叶纹钮座。钮座外两周栉齿纹之间饰凸面宽带一周；主体纹饰为两周栉齿纹之间饰四乳四螭纹，螭下饰一鸟纹。宽平素缘。

【图 26】

【图 27】

四乳四螭纹铜镜

年代：西汉
质地：铜
尺寸：直径 18.9 厘米，缘厚 0.8 厘米
重量：1045 克

　　圆形。圆钮，四叶纹钮座，四叶之间饰水滴纹。钮座外为一周凸面宽带，宽带外为一圈铭文"内清质以昭明光象日明月心不"，其间以"而"形纹隔开，铭文外两周栉齿纹之间饰凸面宽带一周和四乳四螭纹。宽平素缘。

四乳四螭纹铜镜

年代： 西汉
质地： 铜
尺寸： 直径 13.1 厘米，缘厚 0.5 厘米
重量： 415 克

　　圆形。圆钮，四叶纹钮座，四叶之间饰水滴纹。钮座外为一周凸面宽带；再向外两周栉齿纹之间饰四乳四螭纹，螭尾饰一 S 形线纹，螭纹上下及尾部饰三鸟纹。宽平素缘。

【图 28】

八乳博局纹铜镜

年代： 西汉
质地： 铜
尺寸： 直径 10.2 厘米，缘厚 0.5 厘米
重量： 220 克

　　圆形。圆钮，圆钮座。钮座外三竖线纹连接一周凸弦纹，再接一双线方框；方框内四角各有一凸点，方框外为八乳博局纹，外接一圈栉齿纹。宽缘，中部饰双线锯齿纹。

【图 29】

【图 30】

八乳博局纹铜镜

年代: 西汉
质地: 铜
尺寸: 直径 14.3 厘米,缘厚 0.5 厘米
重量: 485 克

　　圆形。圆钮,圆钮座。单、双线方框之间饰十二乳钉及"子丑寅卯辰巳午未申酉戌亥"十二地支;其外饰八乳钉、博局纹及禽兽纹;再外饰一周栉齿纹。宽缘,分饰锯齿纹和连弧云纹各一周。

八乳博局纹铜镜

年代： 西汉

质地： 铜

尺寸： 直径 11.8 厘米，缘厚 0.4 厘米

重量： 285 克

    圆形。圆钮，圆钮座。单、双线方框之间饰十二乳钉及"子丑寅卯辰巳午未申酉戌亥"十二地支；其外饰八乳博局纹及禽兽纹；再外饰一周栉齿纹。宽缘，两周锯齿纹之间夹一周双线波折纹。

【图 31】

八乳博局纹铜镜

年代：西汉
质地：铜
尺寸：直径 22.8 厘米，缘厚 0.7 厘米
重量：1360 克

圆形。圆钮，四叶纹钮座。钮座外单、双线方框之间饰十二乳钉和"子丑寅卯辰巳午未申酉戌亥"十二地支；方框外主体纹饰为八乳博局纹及四神、禽兽纹；其外为铭文"尚方作竟（镜）真大巧上有仙人不知老渴饮玉泉饥食枣浮游天下放（遨）四海寿如金石国之保"；再外饰栉齿纹一周。宽缘，分饰锯齿纹和云气纹各一周。

【图 32】

八乳博局纹铜镜

年代：西汉
质地：铜
尺寸：直径 19.3 厘米，缘厚 1.4 厘米
重量：1019 克

　　圆形。圆钮，四叶纹钮座。钮座外单、双线方框之间饰十二乳钉和"子丑寅卯辰巳午未申酉戌亥"十二地支；方框外主体纹饰为八乳博局纹及四神、禽兽纹；其外为铭文"尚方作竟（镜）真大好上有仙人不知老渴饮玉泉饥食枣浮游天下敖（遨）四海徘徊名山采芝草寿如金石天子保"；再外饰栉齿纹一周。宽缘，分饰锯齿纹及云气纹各一周。

【图 33】

【图 34】

四乳四螭纹铜镜

年代： 东汉
质地： 铜
尺寸： 直径 11.8 厘米，缘厚 0.8 厘米
重量： 470 克

　　圆形。圆钮，圆钮座。钮座外为一周凸圈带，其间饰三竖线纹；其外两周栉齿纹之间饰四乳四螭纹。宽平素缘。

四乳四螭纹铜镜

年代：东汉
质地：铜
尺寸：直径 8.6 厘米，缘厚 0.4 厘米
重量：117 克

圆形。圆钮，圆钮座。钮座外为一周凹圈带，其间饰三竖线纹；凹圈带纹外两周栉齿纹之间饰四乳四螭纹，螭纹下饰一鸟纹。宽平素缘。

【图 35】

【图 36】

四乳八禽纹铜镜

年代： 东汉
质地： 铜
尺寸： 直径 8.2 厘米，缘厚 0.5 厘米
重量： 112 克

　　圆形。圆钮，圆钮座。钮座外饰单线、三线相间的斜线纹，其外两周栉齿纹之间饰四乳钉，乳钉间饰两两相对的禽鸟。宽平素缘。

四神博局纹铜镜

年代：东汉
质地：铜
尺寸：直径 11.8 厘米，缘厚 0.5 厘米
重量：230 克

　　圆形。圆钮，四叶纹钮座。钮座外有一双线方框，方框外饰四神博局纹，再向外饰一周栉齿纹。宽缘，饰双线锯齿纹，锯齿间各饰一圆点。

【图 37】

连弧纹"家常贵富"铭文铜镜

年代： 东汉
质地： 铜
尺寸： 直径 15.7 厘米，缘厚 0.4 厘米
重量： 452 克

圆形。圆钮，十二联珠纹钮座。钮座外有一周凸弦纹，其外为内向十六连弧纹；两周凸弦纹之间为"家常贵富"四字铭文，铭文间分饰一朵八联珠花。内向十六连弧纹缘。

【图 38】

五乳卷云纹铜镜

年代： 东汉

质地： 铜

尺寸： 直径 9.5 厘米，缘厚 0.3 厘米

重量： 118 克

　　圆形。圆钮，圆钮座。钮座外两周双线纹之间饰五乳钉和卷云纹，其外分饰栉齿纹、凸弦纹、双线波折纹各一周。三角素缘。

【图 39】

【图 40】

五乳尚方禽鸟纹铜镜

年代：东汉
质地：铜
尺寸：直径 11.2 厘米，缘厚 0.6 厘米
重量：320 克

圆形。圆钮，圆钮座。钮座外单线圈内饰五乳钉，乳钉间饰五禽鸟；单线圈内为铭文"尚方作竟（镜）自毋伤巧工刻之成文章浮一同游四方交（蛟）龙白帝"；其外为一周栉齿纹。宽缘，依次饰栉齿纹、凸弦纹、双线波折纹各一周。

【图 41】

七乳禽兽纹铜镜

年代： 东汉

质地： 铜

尺寸： 直径 13.1 厘米，缘厚 0.6 厘米

重量： 480 克

　　圆形。圆钮，四叶纹钮座。钮座外有一周凸弦纹，其外两圈栉齿纹之间饰七乳钉，乳钉间饰四神、禽兽等。宽缘，两周凸弦纹之间夹一周双线波折纹。

五铢钱纹铭文铜镜

年代： 东汉

质地： 铜

尺寸： 直径 6.3 厘米，缘厚 0.4 厘米

重量： 60 克

　　圆形。圆钮，圆钮座。钮座外有一周正方形宽带，正方形四边上各饰一完整的五铢钱纹，四角各饰一半圆五铢钱纹，中间为四字铭文"永宜吉辰"；正方形四边外各饰二乳钉，其外有一周凸弦纹。宽平素缘。

【图 42】

【图 43】

连弧纹"位至三公"铭文铜镜

年代：东汉

质地：铜

尺寸：直径 9.7 厘米，缘厚 0.3 厘米

重量：140 克

　　圆形。圆钮，圆钮座。钮座外伸出四组双瓣花叶，花叶之间为铭文"位至三公"；其外为内向八连弧纹。宽平素缘。

连弧云雷纹"长宜子孙"铭文铜镜

年代：东汉

质地：铜

尺寸：直径 13.8 厘米，缘厚 0.5 厘米

重量：425 克

　　圆形。圆钮，四叶纹钮座。四叶间为铭文"长宜子孙"；钮座外有一周凸弦纹，其外为内向八连弧纹，连弧间分饰短弧三竖线纹和草叶纹，其外两周栉齿纹之间夹一周云雷纹。宽平素缘。

【图 44】

连弧纹"长宜子孙"铭文铜镜

年代： 东汉
质地： 铜
尺寸： 直径 15.0 厘米，缘厚 0.2 厘米
重量： 326 克

圆形。圆钮，圆钮座。钮座外伸出四花叶，四花叶间为铭文"长宜子孙"；其外为内向八连弧纹，连弧间分饰空心圆圈纹和实心菱格纹。宽平素缘。

【图 45】

连弧云雷纹铭文铜镜

年代：东汉
质地：铜
尺寸：直径 18.5 厘米，缘厚 0.6 厘米
重量：536 克

　　圆形。圆钮，四叶纹钮座。四叶间为铭文"长宜子生"；钮座外为一周栉齿纹和一周凸弦纹，其外为内向八连弧纹，连弧间分饰短弧三竖线纹和铭文"位至三公"；其外两周栉齿纹之间有一周云雷纹。宽缘，饰两周锯齿纹。

【图 46】

【图 47】

高浮雕龙虎纹铜镜

年代: 东汉
质地: 铜
尺寸: 直径 6.3 厘米,缘厚 0.5 厘米
重量: 100 克

　　圆形。圆钮,圆钮座。钮座上方中央有一枚方孔圆钱纹,钮座两侧浮雕一龙一虎,夹钮对峙;再向外饰两周凸弦纹,其间有一周栉齿纹。宽平素缘。

高浮雕龙虎纹铜镜

年代： 东汉

质地： 铜

尺寸： 直径 9.1 厘米，缘厚 0.5 厘米

重量： 140 克

　　圆形。圆钮，圆钮座。钮座两侧浮雕一龙一虎，夹钮对峙，龙虎皆昂首张嘴；其外依次饰栉齿纹、锯齿纹、凸弦纹，波折纹各一周。三角缘。

【图 48】

【图 49】

高浮雕龙虎纹铜镜

年代： 东汉

质地： 铜

尺寸： 直径 11.1 厘米，缘厚 0.6 厘米

重量： 240 克

　　圆形。圆钮，圆钮座。钮座外浮雕一龙一虎，夹钮对峙，龙虎的部分躯体压在钮座下；其外依次饰凸弦纹、栉齿纹、锯齿纹和凸弦纹各一周。宽缘，饰锯齿纹。

高浮雕龙虎纹铜镜

年代：东汉

质地：铜

尺寸：直径 10.2 厘米，缘厚 0.8 厘米

重量：350 克

圆形。圆钮，圆钮座。钮座两侧高浮雕一龙一虎，夹钮对峙，龙虎昂首张嘴，尾部各饰一小兽，虎侧有铭文"青盖"二字；其外依次饰栉齿纹、锯齿纹、双线波折纹各一周。素平缘。

【图 50】

高浮雕龙虎纹铜镜

年代： 东汉
质地： 铜
尺寸： 直径 8.3 厘米，缘厚 0.6 厘米
重量： 178 克

　　圆形。圆钮，圆钮座。钮座两侧高浮雕一龙一虎，夹钮对峙，龙虎昂首张嘴，底部饰一小兽，龙爪下有铭文"铜华"二字；其外依次饰栉齿纹、锯齿纹、双线波折纹各一周。素平缘。

【图 51】

【图 52】

青盖铭文高浮雕龙虎纹铜镜

年代：东汉
质地：铜
尺寸：直径 12.3 厘米，缘厚 0.9 厘米
重量：520 克

　　圆形。圆钮，圆钮座。钮座外高浮雕一龙一虎，夹钮对峙；其外为一周铭文"青盖作竟（镜）四夷服多贺国家人民息胡虏殄灭天下复风雨时节五谷熟兮"；铭文外依次饰栉齿纹、锯齿纹、双线波折纹、锯齿纹各一周。素缘。

【图 53】

青盖铭文高浮雕龙虎纹铜镜

年代： 东汉

质地： 铜

尺寸： 直径 15.2 厘米，缘厚 0.8 厘米

重量： 670 克

　　圆形。圆钮，圆钮座。钮座外高浮雕二龙一虎，二龙相随，龙虎相对；其外为一周铭文"青盖作竟（镜）四夷服多贺国家人民息胡虏殄灭天下复风雨时节五谷熟长保二亲得天力传告后世乐无极兮"；铭文外为一周栉齿纹。宽缘，依次饰锯齿纹、波折纹、锯齿纹各一周。

青羊铭文高浮雕龙虎纹铜镜

年代： 东汉

质地： 铜

尺寸： 直径 16.5 厘米，缘厚 0.7 厘米

重量： 675 克

圆形。圆钮，圆钮座。钮座外有十六扁珠，珠与珠之间以二竖线纹间隔；其外浮雕二龙一虎，二龙相随，龙虎相对，龙虎昂首张嘴；再外有一周铭文"青羊作竟（镜）大毋伤巧工刻之成文章左龙右虎辟不羊朱雀玄武顺阴阳长保二亲乐富昌寿如"；铭文外依次饰栉齿纹、锯齿纹、双线波折纹、锯齿纹各一周。素缘。

【图 54】

黄盖铭文高浮雕龙虎纹铜镜

年代: 东汉
质地: 铜
尺寸: 直径 13.3 厘米, 缘厚 0.8 厘米
重量: 530 克

　　圆形。圆钮,圆钮座。钮座两侧浮雕一龙一虎,夹钮对峙,龙虎昂首张嘴,底部各饰一小象;其外两周凸弦纹之间为一周铭文"黄盖作竟(镜)四夷服多贺国家人民息胡虏殄灭天下复风雨时节五谷熟长保二亲得天力兮";铭文外依次饰栉齿纹、锯齿纹、凸弦纹,双线波折纹、锯齿纹各一周。素平缘。

【图 55】

【图 56】

方枚四兽纹铜镜

年代： 东汉

质地： 铜

尺寸： 直径 12.6 厘米，缘厚 0.5 厘米

重量： 365 克

　　圆形。圆钮，圆钮座。钮座外高浮雕四兽，与四方枚相间环列，每个方枚内均有四字，分别为"黄羊作镜""公卿服者""富贵昌番""汉家长宁"；其外分饰栉齿纹和蟠螭纹各一周，蟠螭纹下为鸟纹。窄缘。

【图 57】

四乳人物画像铜镜

年代：东汉

质地：铜

尺寸：直径 11.6 厘米，缘厚 0.8 厘米

重量：600 克

　　圆形。圆钮，圆钮座。钮座外有一双线方框，方框内四角各有一只飞鸟；方框外，四乳钉将镜背分为四区，分别饰一龙一虎和东王公西王母，王公王母左右两侧皆有一跪伏的侍从；其外分饰凸弦纹、栉齿纹、锯齿纹各一周。素三角缘。

"章武元年" 铭文铜镜

年代： 蜀汉
质地： 铜
尺寸： 直径 15.6 厘米，缘厚 0.4 厘米
重量： 352 克

圆形。圆钮，圆钮座。钮座外线雕双龙纹；其外两周凸弦纹之间为铭文"章武元年二月作竟（镜）德扬宇宙威镇八荒除凶辟兵略民万方"。宽平素缘。

【注】章武（221—222 年），三国时期蜀汉政权昭烈帝刘备的年号，也是蜀汉政权的第一个年号。

【图 58】

上大山铭文铜镜

年代： 魏晋
质地： 铜
尺寸： 直径 10.8 厘米，缘厚 0.8 厘米
重量： 471 克

　　圆形。圆钮，圆钮座。钮座外两周凸宽带纹之间饰连枝花纹；再外为一周凸弦纹和铭文"上大山遇神人架蛟龙乘浮云饮澧泉食玉英宜官秩保子孙富贵昌乐未央兮"；铭文外分饰双线波折纹和锯齿纹。窄素缘。

【图 59】

【图 60】

半圆方枚神人神兽铜镜

年代: 魏晋

质地: 铜

尺寸: 直径 15.0 厘米,缘厚 0.8 厘米

重量: 825 克

　　圆形。圆钮,圆钮座。内区环状乳之间,四组神人与神兽相间排列;其外十二半圆枚与十二方枚相间环列,半圆枚中浮雕三叶纹,方枚中均有"日月天王"四字;再外饰凸弦纹和锯齿纹各一周。宽缘,饰鸟兽纹和交叉格纹。

方枚三兽纹铜镜

年代：魏晋
质地：铜
尺寸：直径 9.9 厘米，缘厚 0.3 厘米
重量：125 克

　　圆形。圆钮，圆钮座。钮座外高浮雕三兽，与三方枚相间环列，每个方枚内都有四字，因锈蚀严重，字迹已漫漶不清；其外饰栉齿纹和鸟纹各一周。三角缘。

【图 61 】

四乳四禽纹铜镜

年代：魏晋
质地：铜
尺寸：直径 7.1 厘米，缘厚 0.4 厘米
重量：60 克

圆形。圆钮，圆钮座。钮座外饰四乳钉和单线勾勒的四禽纹；其外饰凸弦纹、锯齿纹各一周。三角窄缘。

【图 62】

【图 63】

四乳四禽纹铜镜

年代： 魏晋

质地： 铜

尺寸： 直径 7.1 厘米，缘厚 0.5 厘米

重量： 100 克

　　圆形。圆钮，圆钮座。钮座外饰四乳钉和单线勾勒的四禽纹；其外饰凸弦纹、三竖线纹、锯齿纹各一周。宽平素缘。

四乳四禽纹铜镜

年代： 魏晋
质地： 铜
尺寸： 直径 9.0 厘米，缘厚 0.5 厘米
重量： 164 克

　　圆形。圆钮，圆钮座。钮座外饰四乳钉和单线勾勒的四禽纹；其外饰栉齿纹、锯齿纹、凸弦纹各一周。三角窄缘。

【图 64】

五乳禽兽纹铜镜

年代： 魏晋
质地： 铜
尺寸： 直径 10.8 厘米，缘厚 0.4 厘米
重量： 280 克

圆形。圆钮，圆钮座。钮座外，两周栉齿纹之间饰五乳钉和禽兽纹。宽缘，饰凸弦纹和连弧云气纹各一周。

【图 65】

【图 66】

龙虎纹铜镜

年代：魏晋
质地：铜
尺寸：直径 5.9 厘米，缘厚 0.4 厘米
重量：55 克

圆形。圆钮，圆钮座。钮座两侧浮雕一龙一虎，夹钮对峙；其外饰凸弦纹两周。宽平素缘。

【图 67】

龙虎纹铜镜

年代：魏晋

质地：铜

尺寸：直径 8.8 厘米，缘厚 0.6 厘米

重量：112 克

圆形。圆钮。钮两侧浮雕一龙一虎，夹钮对峙，龙虎昂首张嘴；其外分饰栉齿纹一周、锯齿纹两周。素卷缘。

【图 68】

三凤纹铜镜

年代： 魏晋

质地： 铜

尺寸： 直径 12.8 厘米，缘厚 0.4 厘米

重量： 355 克

　　圆形。鼻钮。钮外浮雕三凤；其外依次饰栉齿纹、锯齿纹、凸弦纹、卷云纹各一周。素宽缘。

朱雀纹铜镜

年代： 魏晋
质地： 铜
尺寸： 直径 8.1 厘米，缘厚 0.6 厘米
重量： 185 克

　　圆形。圆钮，圆钮座。钮座外浮雕朱雀一只，朱雀的部分身躯压在钮座下；其外依次饰栉齿纹、锯齿纹各一周。窄素三角缘。

【图 69】

【图 70】

朱雀纹铜镜

年代： 魏晋
质地： 铜
尺寸： 直径 8.1 厘米，缘厚 0.5 厘米
重量： 119 克

　　圆形。圆钮，圆钮座。钮座外饰单线勾勒的朱雀一只，朱雀的部分身躯压在钮座下；其外依次饰栉齿纹、锯齿纹、凸弦纹各一周。窄素三角缘。

鸾凤四叶纹铜镜

年代： 魏晋
质地： 铜
尺寸： 直径 11.8 厘米，缘厚 0.3 厘米
重量： 250 克

圆形。圆钮，圆钮座。钮座外，四个柿蒂形叶片伸向镜缘，叶片间分饰两两相对的凤鸟；近缘处为内向十六弧圈，弧圈内分饰龙、虎、蛇、蝙蝠等。宽平素缘。

【图 71】

八凤变形四叶纹铜镜

年代： 魏晋
质地： 铜
尺寸： 直径 9.1 厘米，缘厚 0.4 厘米
重量： 130 克

　　圆形。圆钮，圆钮座。钮座外饰变形四叶纹，内饰凸弦纹；主体纹饰为四组对凤纹，其外饰内向十六连弧纹。宽平素缘。

【图 72】

図录

083

【图 73】

"君宜官位"铭文铜镜

年代： 魏晋

质地： 铜

尺寸： 直径 12.7 厘米，缘厚 0.4 厘米

重量： 331 克

圆形。圆钮，圆钮座。钮座外伸出四花叶，四花叶之间为铭文"君宜官位"；其外为内向八连弧纹。宽平素缘。

【图 74】

"君宜官位"铭文铜镜

年代：魏晋
质地：铜
尺寸：直径 9.5 厘米，缘厚 0.2 厘米
重量：110 克

　　圆形。圆钮，圆钮座。钮座外伸出四花叶，四花叶之间为铭文"君宜官位"；其外为内向八连弧纹。素
三角缘。

"长宜子生" 铭文铜镜

年代： 魏晋

质地： 铜

尺寸： 直径 10.9 厘米，缘厚 0.3 厘米

重量： 160 克

圆形。圆钮，圆钮座。钮座外伸出四花叶，四叶之间为铭文"长宜子生"；其外为内向八连弧纹。宽平素缘。

【图 75】

第三部分

隋唐五代铜镜

【图 76】

十二生肖铜镜

年代：隋
质地：铜
尺寸：直径 13.6 厘米，缘厚 0.5 厘米
重量：265 克

圆形。圆钮，圆钮座。钮座外，三周凸弦纹将整个镜背分为四圈：第一圈内饰联珠纹；第二圈内饰枝叶缠绕的忍冬纹；第三圈内浮雕十二生肖，生肖之间以双线纹隔开；第四圈内饰锯齿纹。素宽缘。

【图 77】

四神十二生肖纹铜镜

年代： 唐

质地： 铜

尺寸： 直径 16.7 厘米，缘厚 0.7 厘米

重量： 540 克

　　圆形。圆钮，圆钮座。钮座外浮雕青龙、白虎、朱雀、玄武四神；其外两周双线凸弦纹之间浮雕十二生肖，生肖之间以双线纹隔开；再外饰锯齿纹一周。素平缘。

四神纹铜镜

年代：唐
质地：铜
尺寸：直径 14.4 厘米，缘厚 0.4 厘米
重量：350 克

圆形。圆钮，四叶纹钮座。钮座外，凸面方框与 V 形纹将镜背分为四区，分饰青龙、白虎、朱雀、玄武四神；斜立二重齿圈外为铭文"团团宝镜皎皎升台鸾窥自舞照日花开临池似月睹貌娇来"。窄素缘。

【图 78】

秦王铭文铜镜

年代：唐

质地：铜

尺寸：直径 13.7 厘米，缘厚 0.4 厘米

重量：235 克

圆形。桥形钮，双环钮座。钮座外，一周弦纹凸棱将镜背分为内、外两区：内区饰四只瑞兽，环钮呈逆时针奔跑状；外区饰一周铭文"赏得秦王镜判不惜千□□□照胆特是自明心"；铭文外为一周弦纹凸棱。素卷缘。

【图 79】

【图 80】

秦王铭文铜镜

年代: 唐

质地: 铜

尺寸: 直径 9.0 厘米,缘厚 0.7 厘米

重量: 143 克

圆形。圆钮。钮座外,一周弦纹凸棱将镜背分为内、外两区:内区饰四只瑞兽,环钮呈逆时针奔跑状;外区饰一周铭文"赏得秦王镜判不惜千金非关欲照胆特是自明心";铭文外为一周锯齿纹。三角缘。

瑞兽铭文铜镜

年代：唐
质地：铜
尺寸：直径 17.9 厘米，缘厚 0.7 厘米
重量：540 克

　　圆形。圆钮，圆钮座。钮座外，一周锯齿纹凸棱将镜背分为内、外两区：内区饰八只瑞兽，瑞兽间填以花枝；外区饰一周铭文"炼形神冶莹质良工如珠出匣似月停空当眉写翠对脸傅红绮窗绣幌俱含影中"；铭文外为一圈锯齿纹。连枝花纹缘。

【图 81】

瑞兽铭文铜镜

年代： 唐

质地： 铜

尺寸： 直径 9.5 厘米，缘厚 0.6 厘米

重量： 190 克

圆形。圆钮，圆钮座。钮座外，一周锯齿纹凸棱将镜背分为内、外两区：内区饰四只瑞兽，环钮作奔跑状；外区饰一周铭文"花发无冬夏临台晓夜明偏识秦楼意能照玉庄（妆）成"；铭文外饰两周锯齿纹。窄缘。

【图 82】

瑞兽纹铜镜

年代： 唐
质地： 铜
尺寸： 直径 10.2 厘米，缘厚 1.0 厘米
重量： 342 克

圆形。圆钮，联珠纹钮座。钮座外浮雕六只瑞兽，瑞兽两两相对；其外为一周锯齿纹。三角缘。

【图 83】

缠枝花瑞兽纹铜镜

年代： 唐
质地： 铜
尺寸： 直径 8.4 厘米，缘厚 1.1 厘米
重量： 291 克

　　圆形。圆钮。钮外，一周弦纹凸棱将镜背分为内、外两区：内区饰四只瑞兽，环钮作奔跑状；外区饰缠枝花纹。窄缘。

【图 84】

图录

095

【图 85】

缠枝花瑞兽纹铜镜

年代：唐

质地：铜

尺寸：直径 6.2 厘米，缘厚 0.7 厘米

重量：123 克

　　圆形。桥钮。钮外，一周弦纹凸棱将镜背分为内、外两区：内区为四只瑞兽，环钮作奔跑状；外区饰缠枝花纹。素缘。

【图 86】

花鸟纹铜镜

年代：唐
质地：铜
尺寸：直径 5.2 厘米，缘厚 0.3 厘米
重量：45 克

圆形。圆钮。钮外伸出四枝花，花朵上各饰一蝴蝶，花间饰四飞鸟；其外为一周凸弦纹。窄缘。

瑞兽纹铜镜

年代：唐

质地：铜

尺寸：直径 5.3 厘米，缘厚 0.7 厘米

重量：97 克

圆形。圆钮。钮外，一周弦纹凸棱将镜背分为内、外两区：内区饰四只瑞兽；外区饰缠枝花纹。窄缘。

【图 87】

瑞兽葡萄纹铜镜

年代： 唐
质地： 铜
尺寸： 直径 6.9 厘米，缘厚 0.4 厘米
重量： 80 克

圆形。伏兽钮。四只瑞兽环钮排列，其间饰葡萄花枝。窄缘。

【图 88】

瑞兽葡萄纹铜镜

年代：唐
质地：铜
尺寸：直径 16.7 厘米，缘厚 0.4 厘米
重量：1395 克

　　圆形。伏兽钮。钮外，一周凸棱将镜背分为内、外两区：内区四只瑞兽环钮排列，其间饰葡萄花枝；外区饰葡萄花枝、飞鸟、走兽等。花朵纹缘。

【图 89】

【图90】

瑞兽葡萄纹铜镜

年代：唐

质地：铜

尺寸：直径 19.5 厘米，缘厚 1.3 厘米

重量：1265 克

　　圆形。伏兽钮。钮外，一周凸棱将镜背分为内、外两区：内区六只瑞兽环钮排列，其间饰葡萄花枝；外区八只鸟儿在花枝间或飞翔或伫立。卷云纹缘。

瑞兽葡萄纹铜镜

年代: 唐
质地: 铜
尺寸: 直径 11.6 厘米,缘厚 1.1 厘米
重量: 455 克

　　圆形。伏兽钮。钮外,一周凸棱将镜背分为内、外两区,凸棱上缠绕葡萄枝叶:内区四只瑞兽环钮排列,攀援在葡萄枝蔓上;外区十二只鸟儿在枝叶间或飞翔或伫立。缠枝花纹缘。

【图 91】

瑞兽葡萄纹铜镜

年代： 唐
质地： 铜
尺寸： 直径 18.3 厘米，缘厚 1.2 厘米
重量： 1234 克

　　圆形。伏兽钮。钮外，一周锯齿纹凸棱将镜背分为内、外两区：内区六只瑞兽环钮排列，其外环列十二组葡萄纹；外区饰以葡萄果实和飞禽走兽等。花朵纹缘。

【图 92】

【图 93】

瑞兽葡萄纹方形铜镜

年代： 唐
质地： 铜
尺寸： 直径 9.8 厘米，缘厚 0.6 厘米
重量： 295 克

方形。伏兽钮。四只瑞兽环钮排列，其间饰葡萄蔓枝、果实；近缘处饰栉齿纹一周。窄平素缘。

狩猎纹菱花形铜镜

年代： 唐
质地： 铜
尺寸： 直径 12.4 厘米，缘厚 0.8 厘米
重量： 440 克

八瓣菱花形。伏兽钮。钮外，一周弦纹凸棱将镜背分为内、外两区：内区饰骑马狩猎者二，手持长矛和弓箭追捕二兽，一兽奔逃，一兽与狩猎者对峙；外区菱花瓣内饰花枝纹。素缘。

【图 94】

【图 95】

五花纹菱花形铜镜

年代: 唐
质地: 铜
尺寸: 直径 9.8 厘米, 缘厚 0.5 厘米
重量: 210 克

　　八瓣菱花形。圆钮。钮外, 一周弦纹凸棱将镜背分为内、外两区: 内区饰五朵团花, 团花之间分饰一朵祥云; 外区菱花瓣内饰花叶纹。素缘。

四禽菱花形铜镜

年代: 唐
质地: 铜
尺寸: 直径 11.2 厘米, 缘厚 0.6 厘米
重量: 310 克

八瓣菱花形。圆钮,圆钮座。八出葵花形弦纹凸棱将镜背分为内、外两区:内区饰四只鸳鸯,鸳鸯之间分饰一花枝;外区饰飞鸟、花叶。素缘。

【图 96】

【图 97】

飞天画像菱花形铜镜

年代： 唐

质地： 铜

尺寸： 直径 10.5 厘米，缘厚 0.8 厘米

重量： 315 克

八瓣菱花形。圆钮。环钮浮雕飞天二，手捧团花，头梳高髻，衣带飘扬。素缘。

【图 98】

仙骑图菱花形铜镜

年代：唐
质地：铜
尺寸：直径 11.8 厘米，缘厚 0.7 厘米
重量：350 克

　　八瓣菱花形。圆钮，圆钮座。钮座外，一周弦纹凸棱将镜背分为内、外两区：内区钮的上下分别为一座仙山，左右两侧分别为一骑马仙人；外区菱花瓣内分饰花叶、祥云。素缘。

花鸟纹葵花形铜镜

年代：唐
质地：铜
尺寸：直径 13.1 厘米，缘厚 0.4 厘米
重量：345 克

　　八瓣葵花形。圆钮。钮外，一周弦纹凸棱将镜背分为内、外两区：内区两只鸾鸟脚踏花枝，口衔绶带，隔钮相对，钮上下各饰一花枝；外区菱花瓣内分饰花叶、祥云。素缘。

【图 99】

雀踏花枝葵花形铜镜

年代： 唐
质地： 铜
尺寸： 直径 13.9 厘米，缘厚 0.4 厘米
重量： 305 克

　　八瓣葵花形。圆钮。钮外，一周弦纹凸棱将镜背分为内、外两区：内区两只鸾鸟脚踏花枝，隔钮相对，钮上下各饰一花枝；外区菱花瓣内分饰花叶、祥云、蝴蝶。素缘。

【图 100】

花草纹菱花形铜镜

年代：唐
质地：铜
尺寸：直径 11.7 厘米，缘厚 0.7 厘米
重量：342 克

八瓣菱花形。圆钮，圆钮座。钮座外，一周弦纹凸棱将镜背分为内、外两区：内区饰八朵缠枝花；外区八瓣菱花内分饰四花四蝴蝶。素缘。

【图 101】

"荣启奇问日答孔夫子"铭文葵花形铜镜

年代： 唐
质地： 铜
尺寸： 直径 13.1 厘米，缘厚 0.5 厘米
重量： 440 克

【图 102】

八瓣葵花形。圆钮。钮左侧一人头戴冠，左手前指，右手持杖；钮右侧一人头戴冠，左手持琴；钮上部方框中有铭文"荣启奇问日答孔夫子"；钮下部有一树。素缘。

【注】荣启奇即荣启期。此镜亦称"三乐镜"，图案取材于《列子·天瑞》："孔子游于太山，见荣启期行乎郕之野，鹿裘带索，鼓琴而歌。孔子问曰：'先生所以乐何也？'对曰：'吾乐甚多：天生万物，唯人为贵，而吾得为人，是一乐也；男女之别，男尊女卑，故以男为贵，吾既得为男矣，是二乐也；人生有不见日月、不免襁褓者，吾既已行年九十矣，是三乐也。'"

东王公西王母画像铜镜

年代：唐
质地：铜
尺寸：直径 12.5 厘米，缘厚 0.5 厘米
重量：300 克

　　八瓣菱花形。圆钮。钮外，一周凹弦纹将镜背分为内、外两区：内区左侧一株大树直至顶部，树下钮左右两侧分坐东王公、西王母；外区菱花瓣内饰分八朵缠枝花。窄缘。

【图 103】

重轮素面铜镜

年代：唐

质地：铜

尺寸：直径 11.4 厘米，缘厚 1.3 厘米

重量：537 克

圆形。圆钮。钮外有两周弦纹凸棱，素面。窄缘。

【图 104 】

重轮素面铜镜

年代：唐

质地：铜

尺寸：直径 21.1 厘米，缘厚 0.1 厘米

重量：1210 克

圆形。圆钮。钮外有六周弦纹凸棱，素面。窄缘。

【图 105】

【图 106】

八卦十二生肖铜镜

年代：唐
质地：铜
尺寸：直径 20.4 厘米，缘厚 0.4 厘米
重量：588 克

圆形。兽钮。钮外有一周八卦纹；其外两周凸弦纹之间浮雕十二生肖；再向外为铭文"水银是阴精百炼得此镜八卦气象备卫神永保命"。素宽缘。

八卦十二生肖铜镜

年代：唐

质地：铜

尺寸：直径 28.4 厘米，缘厚 0.6 厘米

重量：1425 克

圆形。兽钮，八边形钮座。钮座外，三周凸弦纹将镜背分为四圈：第一圈内为八卦铭文；第二圈内为八卦卦象；第三圈内浮雕十二生肖；第四圈内为铭文"水银是阴精百炼得此镜八卦气象备卫神永保命"，铭文间以竖线隔开。素宽缘。

【图 107】

【图 108】

"天汉新强"铭文方形铜镜

年代： 五代
质地： 铜
尺寸： 边长 12.1 厘米，缘厚 0.4 厘米
重量： 405 克

方形。圆钮，团花钮座。环钮铸"天汉新强"四字，近缘处有一周凸弦纹。宽平素缘。

【注】天汉（公元917年）是前蜀高祖王建的年号，只有一年。

"天汉新强" 铭文铜镜

年代： 五代
质地： 铜
尺寸： 直径 13.4 厘米，缘厚 0.5 厘米
重量： 477 克

圆形。圆钮，圆钮座。钮座外有一周凸弦纹，其内为四字铭文"天汉新强"。素宽缘。

【图 109】

"武德军都作院" 铭文铜镜

年代： 五代
质地： 铜
尺寸： 直径 14.6 厘米，缘厚 0.3 厘米
重量： 255 克

　　圆形。圆钮，圆钮座。钮座外为十二花瓣；其外两周凸弦纹之间为铭文"武德军都作院鉴人罗真制造"，铭文之间以竖线隔开；铭文圈外为十二组花瓣纹。宽素缘。

　　【注】武德军都作院是前蜀官方经营的手工业作坊。

【图 110】

"广政元年"铭文铜镜

年代: 五代
质地: 铜
尺寸: 直径 11.7 厘米,缘厚 0.4 厘米
重量: 129 克

　　圆形。三弦钮,圆钮座。钮座外饰连枝花地纹,环钮有四字铭文"广政元年",其外有两周凸弦纹。宽素卷缘。

　　【注】广政(公元 938—965 年)是后蜀后主孟昶的年号。

【图 111】

四川大学博物馆藏品集萃

铜镜卷

宋元铜镜

【图 112】

缠枝花卉纹菱花形铜镜

年代： 宋
质地： 铜
尺寸： 直径 12.1 厘米，缘厚 0.3 厘米
重量： 195 克

八瓣菱花形。圆钮。钮外两周联珠纹之间饰四朵缠枝芙蓉花。素缘。

【图 113】

缠枝花卉纹铜镜

年代：宋
质地：铜
尺寸：直径 11.8 厘米，缘厚 0.2 厘米
重量：125 克

　　圆形。小圆钮。钮外饰四枝缠枝牡丹，枝头各有一朵硕大的盛开的牡丹；花枝外饰联珠纹一周。宽平素缘。

【图114】

缠枝花卉纹铜镜

年代: 宋

质地: 铜

尺寸: 直径 24.8 厘米,缘厚 0.4 厘米

重量: 1110 克

　　圆形。圆钮,圆钮座。钮座外有一周凸弦纹,其内饰八瓣花朵,其外四朵葵花与四朵菩提花相间环绕,花叶缠绕,枝蔓相连。宽平素缘。

花鸟菱花形铜镜

年代： 宋
质地： 铜
尺寸： 直径 10.9 厘米，缘厚 0.5 厘米
重量： 275 克

八瓣菱花形。圆钮。钮外四禽鸟与四花枝相间环绕；其外有一周凸弦纹；再向外八瓣菱花内分饰花枝、蜂蝶。素缘。

【图 115】

湖州铭文桃形铜镜

年代：宋
质地：铜
尺寸：直径 12.1 厘米，缘厚 0.9 厘米
重量：150 克

桃形。弓钮。素面无纹。钮一侧方格内有铭文"湖州真石家炼铜照子记"。素缘。

【图 116】

【图 117】

湖州铭文菱花形铜镜

年代： 宋
质地： 铜
尺寸： 直径 8.7 厘米，缘厚 0.3 厘米
重量： 153 克

六瓣菱花形。弓钮。素面无纹。钮一侧方格内有铭文"湖州石家真炼清铜照子"。素缘。

"青铜照子"铭文铜镜

年代： 宋

质地： 铜

尺寸： 直径 9.5 厘米，缘厚 0.3 厘米

重量： 107 克

桃形。弓钮。素面无纹。钮一侧方格内有铭文"青铜照子"。素缘。

【图 118】

【图 119】

湖州铭文具柄铜镜

年代：宋

质地：铜

尺寸：直径 9.3 厘米，缘厚 0.5 厘米，柄长 8.1 厘米

重量：163 克

八瓣葵花形。具柄。素面无纹。镜背正中双线方格内为铭文"湖州真石家念二叔炼照子"。素缘。

湖州铭文缠枝花铜镜

年代：宋
质地：铜
尺寸：直径 17.7 厘米，缘厚 0.5 厘米
重量：615 克

八瓣葵花形。小圆钮。镜背满布各形缠枝花。钮一侧方框内有铭文"湖州石家炼铜照子"。素缘。

【图 120】

【图 121】

"仕女梅妆"画像铜镜

年代： 宋
质地： 铜
尺寸： 直径 14.4 厘米，缘厚 0.4 厘米
重量： 280 克

　　八瓣葵花形。圆钮。钮外浮雕一室，室内二侍女展开画卷，左侧一老妇坐在榻上，与二高髻女子正在赏画，对面的榻前有一高冠侍女扶持一孩童；镜缘上部有铭文"仕女梅妆"及诗文"妙手丹青意莫量一校造化喜回阳佳人看却怜还妒只为功夫不艳妆"。

【图 122】

海船纹铜镜

年代: 宋
质地: 铜
尺寸: 直径 17.2 厘米,缘厚 0.5 厘米
重量: 560 克

　　八瓣菱花形。圆钮。钮上有四字铭文"煌丞昌天";钮下一艘高桅船在波涛翻滚的海面上乘风破浪而行,船头船尾皆乘坐着数人。素缘。

八卦月宫铜镜

年代：宋
质地：铜
尺寸：直径 11.6 厘米，缘厚 0.5 厘米
重量：342 克

　　圆形。圆钮。钮外，两周凸弦纹内为月宫图，钮左一棵桂树枝繁叶茂，钮右一只玉兔正在捣药；其外为一周星象纹；再外为八卦卦象。窄缘。

【图 123】

【图 124】

十字花纹铜镜

年代: 宋
质地: 铜
尺寸: 直径 10.9 厘米,缘厚 0.3 厘米
重量: 165 克

圆形。弓钮。镜背满布十字花纹,花瓣间杂以五点,表示花蕊。宽平素缘。

十二生肖铜镜

年代：宋
质地：铜
尺寸：直径 9.8 厘米，缘厚 0.1 厘米
重量：390 克

    圆形。圆钮。钮外浮雕"子丑寅卯辰巳午未申酉戌亥"十二地支；其外为一周弦纹凸棱；再外浮雕"鼠牛虎兔龙蛇马羊猴鸡狗猪"十二生肖。素缘。

【图 125】

双鱼纹铜镜

年代：宋
质地：铜
尺寸：直径 9.5 厘米，缘厚 0.5 厘米
重量：170 克

圆形。祥云钮。钮外浮雕双鱼和波浪纹，其外为一周凸弦纹。平素缘。

【图 126】

【图 127】

八卦方形铜镜

年代：宋

质地：铜

尺寸：直径 8.1 厘米，缘厚 0.2 厘米

重量：85 克

　　正方形。圆钮，花瓣纹钮座。钮座外有一周凸弦纹；其外为八卦卦象；再外为正方形线框，正方形四角各有一个凸点。宽平素缘。

【图 128】

双马纹方形铜镜

年代： 宋
质地： 铜
尺寸： 直径 11.5 厘米，缘厚 0.5 厘米
重量： 330 克

方形。半圆钮。钮上下各浮雕一匹马，一马回首，一马昂首，足踏祥云，奋蹄扬尾。素宽缘。

【图 129】

禽兽缠枝纹八角形铜镜

年代： 宋

质地： 铜

尺寸： 直径 4.7 厘米，缘厚 0.3 厘米

重量： 25 克

八角形。伏兽钮。钮外四只瑞兽环钮作奔跑状，其间饰以缠枝花；近缘处有一周八角凸弦纹。素缘。

荷花纹具柄铜镜

年代： 宋
质地： 铜
尺寸： 直径 7.8 厘米，缘厚 0.2 厘米，柄长 2.2 厘米
重量： 58 克

圆形。短柄，柄上有一孔。镜背上部有一朵盛开的荷花，其下有荷叶两片，荷叶下为水纹，右边有菡萏一朵。素缘。

【图 130】

【图 131】

龙纹具柄铜镜

年代： 宋

质地： 铜

尺寸： 直径 10.4 厘米，缘厚 0.4 厘米，柄长 10.4 厘米

重量： 203 克

八瓣葵花形。具柄，柄上有铭文"潇湘周原造"。镜背正中浮雕一火球，其外浮雕一龙，龙身盘曲，间饰祥云纹。素缘。

【图 132】

双凤纹具柄铜镜

年代： 宋

质地： 铜

尺寸： 直径 11.4 厘米，缘厚 0.2 厘米，柄长 10.1 厘米

重量： 185 克

圆形。具柄。镜背主体纹饰为两只展翅飞翔的凤鸟，其外为一周凸弦纹。宽平素缘。

"临安王家"铭文具柄铜镜

年代：宋
质地：铜
尺寸：直径 11.8 厘米，缘厚 0.3 厘米，柄长 10.1 厘米
重量：235 克

【图 133】

圆形。具柄。镜背上方有一双线方框，内有铭文"临安王家"；主体纹饰为一骑凤仙人，仙人头戴凤冠，衣袂翻飞，下有祥云三朵；其外两周凸弦纹之间饰连枝花纹。素三角缘。

四兽纹"承安三年"铭文铜镜

年代： 金
质地： 铜
尺寸： 直径 8.4 厘米，缘厚 0.5 厘米
重量： 100 克

　　圆形。圆钮。钮外，一周弦纹凸棱将镜背分为内、外两区：内区饰四只瑞兽，环钮作奔跑状；外区为一周铭文"承安三年上元日陕西东运司官造监造录事任（押）提控运使高（押）"。窄缘。

　　【注】承安（公元 1196—1200 年），金章宗的第二个年号。

【图 134】

人物画像铜镜

年代：金
质地：铜
尺寸：直径 15.0 厘米，缘厚 0.5 厘米
重量：659 克

八瓣菱花形。圆钮。钮左有一株大树，枝叶伸展至顶部；钮右有一座寺庙；钮下有一座桥，桥右有三名僧人，一僧正坐，二僧侍从，桥左有一书生面向僧人，桥中一人抬手前引。窄素缘。

【图 135】

【图 136】

缠枝花纹亚字形铜镜

年代：元
质地：铜
尺寸：直径 12.2 厘米，缘厚 0.2 厘米
重量：150 克

亚字形。弓钮。钮外浮雕四枝芙蓉花，其外沿镜缘饰一周联珠纹。宽平素缘。

双狮三凤花卉纹铜镜

年代: 元
质地: 铜
尺寸: 直径 16.6 厘米, 缘厚 0.7 厘米
重量: 870 克

　　圆形。圆钮, 六瓣葵花形钮座。钮座内饰二狮和宝珠、方胜、盘肠结等八宝纹; 钮座外三只凤鸟在三枝盛开的牡丹花间翩翩飞舞, 其外为一周凸弦纹。素宽缘。

【图 137】

第五部分

明清铜镜

【图138】

洪武龙纹铜镜

年代：明
质地：铜
尺寸：直径 11.7 厘米，缘厚 0.6 厘米
重量：355 克

　　圆形。博山钮。钮外一条巨龙昂首盘旋，龙身下波涛翻滚；左侧的长方形方格内有铭文"洪武二十二年正月日造"。宽平素缘。

　　【注】洪武（公元 1368—1398 年），明太祖朱元璋的年号。

花鸟纹铜镜

年代： 明
质地： 铜
尺寸： 直径 21.0 厘米，缘厚 0.8 厘米
重量： 1190 克

　　圆形。圆钮。钮外线雕梅花和飞鸟图案，花间有铭文"大明宣德年制大明宣德年制"，其外为一周凸弦纹。低卷缘。

　　【注】宣德（公元 1426—1435 年），明宣宗的年号。

【图 139】

【图 140】

双龙纹铜镜

年代：明
质地：铜
尺寸：直径 13.1 厘米，缘厚 0.7 厘米
重量：580 克

圆形。圆钮。钮外双龙回首盘旋，其外饰以卷云纹。素缘。

双鱼纹铜镜

年代： 明
质地： 铜
尺寸： 直径 11.9 厘米，缘厚 0.2 厘米
重量： 143 克

圆形。弓钮。钮两侧浮雕双鱼图案。素三角缘。

【图 141】

双鱼纹铜镜

年代：明
质地：铜
尺寸：直径 19.1 厘米，缘厚 0.7 厘米
重量：1047 克

圆形。圆钮，六瓣花钮座。钮座两侧浮雕双鱼纹和波浪纹，双鱼鳞片和鱼鳍分明，摇头摆尾。宽平素缘。

【图 142】

【图 143】

多宝纹铜镜

年代： 明
质地： 铜
尺寸： 直径 14.6 厘米，缘厚 0.6 厘米
重量： 668 克

　　圆形。银锭钮。钮上方为双层楼阁，其左右有飞鹤、犀角，其下有祥云、宝钱；钮左侧为二童女和宝瓶，钮右侧为二童子和宝瓶，童子童女各手捧一宝；钮下有鼎炉，炉左右分别为宝瓶、童子童女和宝树，其下为灵芝、方胜、金铤等八宝纹饰。素宽缘。

【图 144】

多宝纹铜镜

年代：明
质地：铜
尺寸：直径 9.8 厘米，缘厚 0.6 厘米
重量：150 克

　　圆形。银锭钮。钮上方为双层楼阁，其左右有飞鹤；钮两侧分别有两童子童女，各手捧一宝；钮下为一朵荷花，其左右分别为公鸡和花朵；荷花下为荷叶，左右分别为宝珠和金铤。素窄缘。

"金玉满堂"铭文多宝纹铜镜

年代: 明

质地: 铜

尺寸: 直径 10.4 厘米,缘厚 0.9 厘米

重量: 270 克

　　圆形。龟钮,龟背上驮有一碑,上书铭文"金玉满堂"。环钮浮雕祥云、如意、人物等图案,人物形态各异。素窄缘。

【图 145】

四川大学博物馆藏品集萃

铜镜卷

【图 146】

松鹤仙人纹具柄铜镜

年代： 明

质地： 铜

尺寸： 直径 11.6 厘米，缘厚 0.3 厘米，柄长 9.6 厘米

重量： 243 克

　　圆形。具柄。一周弦纹凸棱将镜背分为内、外两区：内区左侧有一株苍松，树下左端有一仙人盘腿而坐，仙人脑后有背光，右端有一仙女执壶侍立，二人之间有一龟一鹤；外区饰缠枝纹和卷云纹。素宽缘。

【图 147】

凤纹方形铜镜

年代： 明
质地： 铜
尺寸： 直径 12.2 厘米，缘厚 0.3 厘米
重量： 345 克

　　正方形。镜背正中为一只线雕凤凰，单足直立，长尾曳地，凤首回望云间圆月，四周间以花草纹；其外为一凸线方框，方框四边的中间部位各有一尖角突入镜缘。素宽缘。

观音渡海铜镜

年代：明
质地：铜
尺寸：直径 12.3 厘米，缘厚 0.6 厘米
重量：395 克

圆形。圆钮。水波纹地。钮左观音头顶背光，足踩祥云，钮右有一侍女踏浪相随。素宽缘。

【图 148】

月宫纹云形柄铜镜

年代： 明

质地： 铜

尺寸： 直径 10.9 厘米，缘厚 0.4 厘米，柄长 10.8 厘米

重量： 330 克

圆形。云形柄。桥钮。镜背左侧一株桂树枝繁叶茂，伸展至顶部，右侧为半隐于云海中的月宫，桂树下为白兔捣药和蟾蜍云海图案。窄缘。

【图 149】

【图 150】

高浮雕"岁寒三友"铜镜

年代：明

质地：铜

尺寸：直径 12.6 厘米，缘厚 1.9 厘米

重量：1043 克

　　圆形。龟钮，联珠纹钮座。钮座外高浮雕松、竹、梅"岁寒三友"和两只飞鹤，钮座下高浮雕一条龙；其外为两周凸弦纹，凸弦纹与镜缘之间有铭文"天下一佐渡守"。宽素缘。

　　【注】此为日式镜，"天下一"自诩字样日式镜始于室町时代，盛行于江户时代。

【图 151】

松山亭阁纹铜镜

年代： 明
质地： 铜
尺寸： 直径 10.7 厘米，缘厚 0.8 厘米
重量： 215 克

　　圆形。平顶圆钮，钮上有铭文"何浡然造"。钮外高浮雕松树、山石、亭阁、波浪等图案；钮左松枝下有铭文"藤原重义"；图案外有一周弦纹凸棱。宽素卷缘。

　　【注】此为中国铸日式镜，钮铭汉字为阴文中国制镜工匠名款，有典型的明镜风格，纹饰为日式镜纹样，并借用日式镜上常见的"藤原"名款。

车马画像方形铜镜

年代： 明

质地： 铜

尺寸： 直径 15.9 厘米，缘厚 0.4 厘米

重量： 530 克

方形。弓钮，方钮座。钮座外饰凹面方框。环钮上下左右各饰一组人物车马图，每辆马车上有二人，一人在前驾车，一人坐于车厢之中；四角内各饰一树。窄素缘。

【图 152】

"为善最乐"铭文铜镜

年代： 明
质地： 铜
尺寸： 直径 8.2 厘米，缘厚 0.5 厘米
重量： 90 克

圆形。银锭钮。钮左右两侧浮雕四字铭文"为善最乐"，其外有一周凸弦纹。宽素卷缘。

【图 153】

"五子登科"铭文铜镜

年代: 明
质地: 铜
尺寸: 直径 12.8 厘米,缘厚 0.4 厘米
重量: 250 克

圆形。圆钮。钮外四个方格内分别为"五子登科"四字,其外有一周凸弦纹。宽素卷缘。

【图 154】

【图 155】

"以铜为镜可正衣冠"铭文铜镜

年代： 明

质地： 铜

尺寸： 直径 11.3 厘米，缘厚 0.4 厘米

重量： 215 克

圆形。圆钮。钮外有两周弦纹凸棱，其外浮雕"以铜为镜可正衣冠"八字铭文。宽素平缘。

【图 156】

"长命富贵" 铭文铜镜

年代: 明
质地: 铜
尺寸: 直径 18.6 厘米, 缘厚 0.8 厘米
重量: 975 克

    圆形。圆钮, 葵花形钮座。钮座外浮雕 "长命富贵" 四字铭文, 其间饰以花朵和蝴蝶、飞鸟; 其外为一周凸弦纹。宽素卷缘。

"薛茂松造" 铭文铜镜

年代： 明
质地： 铜
尺寸： 直径 7.6 厘米，缘厚 0.5 厘米
重量： 177 克

圆形。平顶圆钮座，钮座上有一方框，框内为铭文"薛茂松造"。素面无纹。

【图 157】

"南京祁祥宇包换"铭文铜镜

年代： 明
质地： 铜
尺寸： 直径 10.3 厘米，缘厚 0.5 厘米
重量： 335 克

圆形。平顶圆钮座，钮座上有一圆框，框内为铭文"南京祁祥宇包换"。素面无纹。

【图 158】

【图 159】

"许家造"日光铭文仿汉铜镜

年代：明
质地：铜
尺寸：直径 7.6 厘米，缘厚 0.6 厘米
重量：164 克

　　圆形。圆钮，圆钮座。钮座外伸出八条短弧线，连接内向八连弧纹；其外两周栉齿纹之间为铭文"见日之光天下大明"，铭文之间分饰漩涡纹、田字纹；钮右侧有双线方框，框内有铭文"许家造"。宽平素缘。

仿汉八乳博局纹铜镜

年代： 明
质地： 铜
尺寸： 直径 16.4 厘米，缘厚 0.9 厘米
重量： 506 克

　　圆形。圆钮，四叶纹钮座。钮座外单、双线方框之间饰十二乳钉和十二地支；主体纹饰为四神、禽兽、博局、八乳等；其外两周凸弦纹之间夹一周锯齿纹。宽缘，饰云气纹。

【图 160】

"郑基置"仿汉铜镜

年代： 明
质地： 铜
尺寸： 直径 13.3 厘米，缘厚 0.6 厘米
重量： 646 克

　　圆形。圆钮，圆钮座。钮座外分别为一周凸弦纹和一双线方框，方框四角内各有草叶一朵；双线方框外为一单线方框，外饰八乳、博局、禽兽等纹饰，方框右侧有铭文"郑基置"；其外分饰凸弦纹和栉齿纹各一周。宽缘，分别饰锯齿纹、凸弦纹和云气纹各一周。

【图 161】

仿汉四乳八鸟纹铜镜

年代: 明
质地: 铜
尺寸: 直径 12.1 厘米,缘厚 0.6 厘米
重量: 402 克

　　圆形。半圆钮,十二联珠纹钮座。钮座外有一周凸圈带;其外两周栉齿纹之间饰四朵八珠团花,团花之间分饰对鸟,其中一鸟身上有一圆圈,其内为铭文"陈"。宽平素缘。

【图 162】

年代： 明
质地： 铜
尺寸： 直径 12.4 厘米，缘厚 0.5 厘米
重量： 405 克

八边形。圆钮，圆钮座。钮座外浮雕四龙，四龙之间有四方枚，方枚上各有四字，字迹磨灭，仅可辨认出"汉家长吉"四字；其外分饰栉齿纹、凸弦纹和缠枝花飞鸟纹各一周。宽平素缘。

【图 163】

"张远公制"仿唐重轮素面铜镜

年代：明
质地：铜
尺寸：直径 8.8 厘米，缘厚 1.2 厘米
重量：377 克

圆形。圆钮。素面。钮右侧为长方形印章式铭记"张远公制"；钮外有两周弦纹凸棱。窄缘。

【图 164 】

"鸾凤叶美"铭文铜镜

年代: 清
质地: 铜
尺寸: 直径 24.4 厘米,缘厚 0.9 厘米
重量: 1830 克

圆形。圆钮,花卉钮座。钮座外有一周弦纹凸棱;环钮均列四方格,合成"鸾凤叶美"四字;方格之间分饰二人物;"鸾"字与"叶"字之间有一弦纹凸圈,内有铭文"万";最外为一周弦纹凸棱。宽素卷缘。

【图 165】

【图 166】

"百寿团圆" 铭文铜镜

年代: 清
质地: 铜
尺寸: 直径 23.2 厘米,缘厚 1.0 厘米
重量: 1645 克

　　圆形。圆钮,圆钮座。钮座外浮雕六只瑞兽;其外为一周凸弦纹;环钮均列"百寿团圆"四字铭文,其间饰以花朵、宝瓶、云纹、童子等图案。宽素卷缘。

"寿山福海" 铭文铜镜

年代： 清
质地： 铜
尺寸： 直径 25.0 厘米，缘厚 0.8 厘米
重量： 835 克

圆形。平顶圆钮，钮上有铭文"马金盛号"。环钮浮雕八宝图案，其外为一周弦纹凸棱，再外环钮均列四字铭文"寿山福海"。宽素卷缘。

【图 167】

"福寿双全"铭文铜镜

年代：清

质地：铜

尺寸：直径 26.4 厘米，缘厚 0.7 厘米

重量：1895 克

圆形。圆钮。钮外均列四方格，合成"福寿双全"四字，其外为一周凸弦纹。宽素卷缘。

【图 168】

【图 169】

龙凤纹铜镜

年代： 清
质地： 铜
尺寸： 直径 28.3 厘米，缘厚 0.2 厘米
重量： 3105 克

圆形。圆钮，圆钮座。钮两侧分饰一龙一凤，其外为一周凸弦纹。素卷缘。

【图 170】

"富贵双全" 铭文铜镜

年代： 清

质地： 铜

尺寸： 直径 41.1 厘米，缘厚 0.9 厘米

重量： 1872 克

　　圆形。圆钮，圆钮座。环钮浮雕花朵、飞禽等图案；其外均列四方格，合成"富贵双全"四字，铭文间饰以花朵、祥云、飞禽、蜂蝶、童子等图案。宽素卷缘。

【图 171】

龙凤纹铭文铜镜

年代： 清

质地： 铜

尺寸： 直径 41.8 厘米，缘厚 1.1 厘米

重量： 2166 克

　　圆形。平顶圆钮，钮上有铭文"湖州薛晋侯自造"。钮左右两侧分别线雕一龙一凤，间以祥云、宝球、花枝等纹饰；其外为一周弦纹凸棱。宽素卷缘。

八卦钱纹长方形铜镜

年代: 清

质地: 铜

尺寸: 长 44.7 厘米,宽 35.9 厘米,缘厚 0.5 厘米

重量: 3094 克

　　长方形。两个弦纹长方框将镜背分为三层:第一层方框内横排三枚货布,其间杂以十枚五铢钱;第二层方框内环列十二枚五铢钱,其间杂以八卦卦象;方框外饰一周回字纹,再外为一周弦纹凸棱。窄缘。

【图 172】

参考文献

（一）专著

1. 洛阳市文物管理委员会.洛阳出土古镜.北京：文物出版社，1959.

2. 陕西省文物管理委员会.陕西省出土铜镜.北京：文物出版社，1959.

3. 湖南省博物馆.湖南出土铜镜图录.北京：文物出版社，1960.

4. 四川省博物馆，重庆市博物馆.四川省出土铜镜.北京：文物出版社，1960.

5. 中国社会科学院考古研究所.殷墟妇好墓.北京：文物出版社，1980.

6. 孔祥星，刘一曼.中国古代铜镜.北京：文物出版社，1984.

7. 周世荣.铜镜图案.北京：人民美术出版社，1986.

8. 周世荣.铜镜图案——湖南出土历代铜镜.长沙：湖南美术出版社，1987.

9. 陈佩芬.上海博物馆藏青铜镜.上海：上海书画出版社，1987.

10. 王士伦.浙江出土铜镜.北京：文物出版社，1987.

11. 洛阳博物馆.洛阳出土铜镜.北京：文物出版社，1988.

12. 孔祥星，刘一曼.中国铜镜图典.北京：文物出版社，1992.

13. 周世荣.中华历代铜镜鉴定.北京：紫禁城出版社，1993.

14. 河北省文物研究所.历代铜镜纹饰.石家庄：河北美术出版社，1996.

15. 华光普.中国历代铜镜目录.北京：中国环境科学出版社，1998.

16. 何堂坤.中国古代铜镜的技术研究.北京：紫禁城出版社，1999.

17. 丁孟.铜镜鉴定.桂林：广西师范大学出版社，2000.

18. 常智奇.中国铜镜美学发展史.西安：陕西师范大学出版社，2000.

19. 张金明，陆旭春.中国古铜镜鉴赏图录.北京：中国民族摄影艺术出版社，2002.

20. 管维良.中国铜镜史.重庆：重庆出版社，2006.

21. 霍宏伟，史家珍.洛镜铜华：洛阳铜镜发现与研究.北京：科学出版社，2013.

22. 故宫博物院.故宫铜镜图典.北京：故宫出版社，2014.

（二）论文

1. 森浩一，熊海棠.中国古代的铸镜技术.江西历史文物，1981（2）.

2. 田长浒.中国古代青铜镜铸造技术的分析研究.成都科技大学学报，1984（3）.

3. 徐苹芳.三国两晋南北朝的铜镜.考古，1984（6）.

4. 何堂坤.我国古代铜镜淬火技术的初步研究.自然科学史研究，1986（2）.

5. 何堂坤. 从科学分析看我国古代的青铜热处理技术. 金属热处理学报, 1987 (1).

6. 胡清友. 四川资中出土一件云纹托月宫铜镜. 文物, 1990 (4).

7. 宋新潮. 中国早期铜镜及其相关问题. 考古学报, 1997 (2).

8. 张梅. 多迷之镜——海兽葡萄镜. 华夏文化, 1997 (4).

9. 丁堂华. 湖北鄂州馆藏铜镜述论——兼析铜镜的发展演变规律. 鄂州大学学报, 1998 (4).

10. 郭玉海. 明清铜镜的时代特征. 故宫博物院院刊, 2003 (5).

11. 梅从笑. 铜镜文化的宗教色彩. 收藏家, 2004 (9).

12. 杨金平. 东汉七乳镜的源起和发展. 文博, 2006 (6).

13. 孙立谋. 中国发现的日本式铜镜初探. 收藏界, 2008 (8).

14. 孙立谋. 传入中国的日本铜镜. 收藏, 2011 (2).

15. 赵春安. 渐趋于艺术生活化的宋辽金铜镜. 东方收藏, 2011 (4).

16. 王静. 中国古代镜架与镜台述略. 南方文物, 2012 (2).

17. 苏强. 明代铜镜概述. 中国国家博物馆馆刊, 2012 (4).

18. 苏奎. 变形四叶兽首镜探研. 成都考古研究, 2013 (00).

19. 高大伦, 岳亚莉. 四川出土铜镜概述. 四川文物, 2013 (4).

20. 苏强. 国博馆藏西汉新莽铜镜的类型与分期. 中国国家博物馆馆刊, 2013 (5).

21. 曹锦炎. 两汉三国镜铭文字整理与研究中的若干问题. 文物鉴定与鉴赏, 2013 (5).

22. 王权. 宋元时期盛行的凤鸟纹铜镜. 收藏界, 2013 (10).

23. 程露. 安徽博物院藏铜镜. 文物世界, 2014 (3).

24. 张良梓. 唐代双鸾衔绶纹镜鉴赏. 收藏界, 2014 (3).

25. 尹钊, 徐文凯, 张继超. 从古代铜镜制造技术谈铜镜中有争议的问题. 东方收藏, 2014 (8).

26. 李笑林. 多迷之镜——唐代狻猊葡萄镜. 上海工艺美术, 2015 (2).

27. 于力凡. 北宋八瓣菱花形船舶铜镜探析. 华夏考古, 2015 (2).

28. 李静. 宋代铜镜的世俗化特征研究. 装饰, 2015 (3).

29. 刘芳芳. 镜台小考. 考古与文物, 2015 (3).